Michel Hofmann

ANTIKE BRIEFE

Im Urtext mit Übertragung

Ernst Heimeran Verlag München

1935

Ein Band der Tusculum-Bücher

*Auf dem Schutzumschlag Junge Römerin mit Griffel und Schreib-
tafel, nach einem Wandgemälde aus Pompeji, um 70 n. Chr., jetzt
Neapel, Nationalmuseum. Eine „Sappho“, wie die Darstellung genannt wurde, zeigt das Bildnis nicht, da Dichterinnen stets mit
Haarbinde charakterisiert werden. Die Vignetten des Bandes gehen
gleichfalls auf pompejanische Wandbilder zurück. Auf dem
Titelblatt ein Tintenfass (atramentarium).*

INHALT

A

Didymos an Apollonios im Dorfe Bakchias im Fayum; 10. V. 84 n. Chr.

Δίδυμος Ἀπολλωνίωι τῶι τιμιωτάτωι χαίρειν.

Καλῶς ποιήσεις συνελθὼν Αἰλουρίωνι τῶι κομίζοντί σοι τὸ ἐπιστόλιον, ὅπως εἰς τὴν ἑορτὴν περιστερςίδια ἡμεῖν ἀγοράσῃι, καὶ ἐρωτηθεὶς κατελθὼν συνευωχηθῇς ἡμεῖν. Τοῦτο οὖν ποιήσας ἔσῃ μοι μεγάλην χάριταν κατατεθειμένος. Ἄσπασαι τοὺς σοὺς πάντας. Ἔρρωσο. — Ἔτους τρίτου Αὐτοκράτορος Καίσαρος Δομιτιανοῦ Σεβαστοῦ Γερμανικοῦ Παχὼν ιε̄.

/: Εἰς Βαχχιάδα ὁπόδος Ἀπολλωνίωι τῶι τιμιωτάτωι :/

Chairemon an einen Ungenannten; Oxyrhynchos 2. Jhdt. n. Chr.

Ἐρωτᾷ σε Χαιρήμων δειπνῆσαι εἰς κλείνην τοῦ κυρίου Σαράπιδος ἐν τῷ Σαραπείῳ αὔριον, ἥτις ἐστὶν ῑε̄, ἀπὸ ὥρας θ'.

Herais an einen Ungenannten; Oxyrhynchos 3. Jhdt. n. Chr.

Ἐρωτᾷ σε Ἡραῒς δειπνῆσαι εἰς γάμους τέκνων αὐτῆς ἐν τῇ οἰκίᾳ αὔριον, ἥτις ἐστὶν πέμπτη, ἀπὸ ὥρας θ'.

Plinius d. J. an s. Freund Septicius Clarus; um 100 n. Chr.

C. Plinius Septicio Claro suo s.

Heus tu! promittis ad cenam nec venis! dicitur ius: ad assem impendium reddes, nec id modicum. paratae erant lactucae singulae, cochleae ternae, ova bina, halica cum mulso et nive (nam hanc quoque computabis, immo hanc in primis, quae periit in ferculo), olivae, betacei, concurbitae, bulbi, alia mille non minus lauta. audisses comoedum vel lectorem vel

E   I   N   L   A   D   U   N   G

1   Einladung zu einem Festschmaus

Didymos seinem hochgeschätzten Apollonios Freude!
Sei so gut und begleite den Ailurion, der Dir dies Brieflein
überbringt, damit er uns für das Fest Täubchen kauft! Sei
auch selbst gebeten, herabzukommen und mit uns zu feiern!
Damit wirst Du uns eine große Freude machen. Grüße die
Deinen alle und bleib' gesund! — Jahr 3 des Imperator Cae-
sar Domitianus Augustus Germanicus, Pachon 15.
|: Nach Bakchias an den hochgeschätzten Apollonios :|

2   Einladung zum Opfermahl

Es bittet Dich Chairemon zum Essen, zum Festmahle des
Herrn Sarapis im Sarapisheiligtum, morgen (also am 15.),
von der neunten Stunde an [= 3 Uhr nachmittags].

3   Hochzeitseinladung

Es bittet Dich Herais zum Essen zur Hochzeit ihrer Kinder
im Hause, morgen, das ist am 5., von der neunten Stunde an.

4   Wiederholung einer einmal bereits mißglückten Einladung

C. Plinius an seinen Septicius Clarus.
Na, warte nur: zum Essen zusagen und dann ausbleiben!
Also lautet der Urteilsspruch: Du wirst bei Heller und Pfen-
nig für meine Auslagen blechen, und das nicht zu knapp! Es
gab: für jeden eine Salatplatte mit drei Schnecken und zwei
Eiern, Griesflammerie mit Honigtunke und Schnee (ja ge-
rade auch den Schnee mußt Du bezahlen, weil er auf der

7

lyristen vel, quae mea liberalitas, omnes. at tu apud nescio quem ostrea, vulvas, echinos, Gaditanas maluisti, dabis poenas, non dico quas. dure fecisti: invidisti, nescio an tibi, certe mihi, sed tamen et tibi. quantum nos lusissemus, risissemus, studuissemus! potes apparatius cenare apud multos, nusquam hilarius, simplicius, incautius. in summa experire, et nisi postea te aliis potius excusaveris, mihi semper excusa. vale.

Ἰουλιανὸς Εὐστοχίῳ.

Ἡσιόδῳ μὲν δοκεῖ τῷ σοφῷ καλεῖν ἐπὶ τὰς ἑορτὰς τοὺς γείτονας ὡς συνησθησομένους, ἐπειδὴ καὶ συναλγοῦσι καὶ συναγωνιῶσιν ὅταν τις ἀπροσδόκητος ἐμπέσῃ ταραχή· ἐγὼ δέ φημι τοὺς φίλους δεῖν καλεῖν, οὐχὶ τοὺς γείτονας. Τὸ αἴτιον δὲ ὅτι γείτονα μὲν ἔνεστιν ἐχθρὸν ἔχειν, φίλον δὲ ἐχθρὸν οὐ μᾶλλον ἢ τὸ λευκὸν μέλαν εἶναι καὶ τὸ θερμὸν ψυχρόν. Ὅτι δὲ ἡμῖν οὐ μόνον νῦν, ἀλλὰ καὶ πάλαι φίλος εἶ καὶ διετέλεσας εὐνοϊκῶς ἔχων, εἰ καὶ μηδὲν ὑπῆρχεν ἄλλο τεκμήριον, ἀλλὰ τό γε ἡμᾶς οὕτω διατεθεῖσθαι καὶ διακεῖσθαι περὶ σὲ μέγα ἂν εἴη τούτου σημεῖον. Ἧκε τοίνυν μεθέξων τῆς ὑπατείας αὐτός· ἄξει δέ σε ὁ δημόσιος

Schüssel dahinschmolz), auch Oliven, Mangoldwurzeln, Kürbis, Zwiebeln und tausend andere Hochgenüsse. Du hättest wählen können zwischen einem Schauspieler, einem Vorleser oder einem Lautenspieler oder Du hättest sie — großzügig wie ich bin — allesamt zu hören bekommen. Du aber hast natürlich, Gott weiß bei wem, Austern, Leckerbissen vom Schwein, Seeigel und spanische Tänzerinnen vorgezogen. Das wirst Du mir büßen! Wie, das bleibt noch geheim. Grausam warst Du und hast wohl Dich selber um etwas gebracht, jedenfalls mich, aber sicher auch Dich. Wie hätten wir gescherzt, gelacht und uns gebildet unterhalten! Üppiger geht es bei vielen Leuten zu, aber nirgends heiterer, ungezwungener und gemütlicher. Also: mach' die Probe und wenn Du Dich nachher irgendeiner anderen Tafel zuliebe bei mir entschuldigst, kannst Du Dich gleich ein für allemal entschuldigen. Lebe wohl!

5   Einladung zur Konsulatsfeier

Julian an Eustochius.
Der weise Hesiod meint, man solle zu Festlichkeiten die Nachbarn zur Mitfeier einladen, weil sie auch unsere schmerzlichen Gefühle teilen, wenn uns ein unerwartetes Unglück überfällt. Ich dagegen sage, man solle seine Freunde einladen und nicht seine Nachbarn. Warum? Mein Nachbar kann mein Feind sein, mein Freund aber kann nicht mein Feind sein, so wenig wie weiß schwarz und heiß kalt sein kann. Daß Du nicht erst jetzt, sondern schon längst mein Freund bist, weißt Du ja, und wenn es keinen anderen Beweis gäbe als unsere Gesinnung und unseren Verkehr, so wäre schon das allein ein gewichtiges Anzeichen. Komme

δρόμος ὀχήματι χρώμενον ἑνὶ καὶ παρίππῳ. Εἰ δὲ χρή τι
καὶ ἐπεύξασθαι, τὴν Ἐνοδίαν εὐμενῆ σοι καὶ τὸν Ἐνόδιον
παρακεκλήκαμεν.

Bischof Ruricius an den Schwiegervater seiner Tochter, Namatius;
um 500 n. Chr.

Ruricius episcopus fratri Namatio.

Saluto plurimum et spero, ut, si secundo crastino non po-
tueris, vel tertia feria ad nos venire digneris, quia desiderio
tuae caritatis accensi et nos dicimus cum propheta: ‚anima mea
sicut terra sine aqua tibi; defecit spiritus meus; ne avertas
faciem tuam'. ne moreris adventum, ut pectoris nostri, quem
parvi temporis solacio suscitastis, exstinguatis incendium.

B

Cicero an C. Marcellus (Sohn); Cilicien 51 v. Chr.

M. T. C. procons. C. Marcello cons. desig. s. p. d.

Maxima sum laetitia affectus, cum audivi te consulem factum esse; eumque honorem tibi deos fortunare volo atque a
te pro tua parentisque tui dignitate administrari. Nam cum
te semper dilexi amavique, quod mei amantissimum cognovi
in omni varietate rerum mearum, tum patris tui pluribus
beneficiis vel defensus tristibus temporibus vel ornatus se-
cundis necesse est, ut et sim totus vester et esse debeam. Cum
praesertim matris tuae gravissimae atque optimae feminae

also zu meiner Konsulatsfeier! Die Staatspost fährt Dich zweispännig und mit Vorspann. Und wenn ich Dir mit etwas Besonderem aufwarten soll: die Enodia, die Dich so versteht, und den Enodios habe ich auch eingeladen.

Bischof Ruricius an seinen Bruder Namatius.
Ich grüße Dich vielmals und hoffe, Du mögest Dich, falls es übermorgen unmöglich ist, in drei Tagen zu uns bemühen; denn wir brennen vor Sehnsucht nach Deiner Liebden und sprechen mit dem Propheten: „Meine Seele ist vor Dir wie ein Land ohne Wasser; es erlischt mein Herz; wende Dein Antlitz nicht ab!" Verschiebe Deine Ankunft nicht; denn Du, der mich mit seinem Trost für kurze Zeit emporhob, zertrittst sonst in meiner Brust den Feuerbrand!

G L Ü C K W U N S C H

7 a   Glückwunsch zur Konsulatswahl

Prokonsul M. T. Cicero an den neugewählten Consul C. Marcellus recht viele Grüße!
Mit lebhaftester Befriedigung höre ich, Du seiest Consul geworden! Möchten doch die Götter meinen Wunsch erfüllen und Dein Amt segnen! Möchtest Du es so führen, wie es Deinem und Deines Vaters großem Namen ansteht! Denn wenn ich schon immer Dich liebte und verehrte, weil ich mich im ganzen Auf und Ab meines Lebens Deiner wärmsten Zuneigung erfreuen durfte, so verpflichten mich ganz beson-

maiora erga salutem dignitatemque meam studia, quae erant
a muliere postulanda perspexerim. Quapropter a te peto
maiorem in modum, ut me absentem diligas atque defendas.
vale.

M. T. C. procons. M. Marcello collegae s. p. d.
Marcellum tuum consulem factum teque ea laetitia affectum
esse, quam maxime optasti, mirum in modum gaudeo idque
cum ipsius causa tum quod te omnibus secundissimis rebus
dignissimum iudico, cuius erga me singularem benevolentiam
vel in labore meo vel in honore perspexi, totam denique domum vestram vel salutis vel dignitatis meae studiosissimam
cupidissimamque cognovi. quare gratum mihi feceris, si uxori
tuae Iuniae gravissimae atque optimae feminae meis verbis
eris gratulatus. a te id, quod consuesti, peto: me absentem diligas atque defendas. vale.

ders die wiederholten Beweise des Wohlwollens, die ich von Deinem Vater im Unglück zur Wehr, im Glück zur Ehr' erfahren habe, dazu, ganz der Eure zu sein aus Herzensdrang. Zumal ich auch an Deiner Mutter, dieser hochzuverehrenden vortrefflichen Frau, das bei weiblichen Wesen sonst ungewöhnliche rege Interesse an meinem Wohlergehen und meiner Stellung im Staatsleben zu schätzen weiß. So bitte ich Dich angelegentlichst: Bewahre mir Deine Hochachtung auch in der Ferne und setze Dich für mich ein! Lebe wohl!

7 b   Glückwunsch zum Consulat des Sohnes

Proconsul M. T. Cicero an seinen Amtsgenossen M. Marcellus recht viele Grüße!
Daß Dein Marcellus Consul geworden ist und Du die Freude erlebt hast, die Du Dir am heißesten wünschtest, freut mich unsäglich, nicht nur der Sache selbst wegen, sondern weil ich Dich des schönsten Glückes für ganz würdig halte, Dich, dessen einzigartiges Wohlwollen ich in Tagen der Arbeit wie in Tagen der Ehre erfahren habe. Euer ganzes Haus habe ich ja als eifrigsten Förderer meines Wohlergehens und meiner Stellung im Staatsleben kennengelernt. Deshalb wirst Du mir einen Gefallen tun, wenn Du diese Glückwünsche in meinem Namen auch an Junia, Deine hochzuverehrende vortreffliche Gemahlin übermittelst. Dich selber bitte ich um das, was Du ja ohnehin schon immer tatest: bewahre mir Deine Hochachtung auch in der Ferne und setze Dich für mich ein! Lebe wohl!

Cicero Basilo sal.
Tibi gratulor, mihi gaudeo; te amo, tua tueor; a te amari quid agas quidque agatur, certior fieri volo.

C. Plinius Traiano imperatori.
Tua quidem pietas, imperator sanctissime, optaverat, ut quam tardissime succederes patri; sed di immortales festinaverunt virtutes tuas ad gubernacula rei publicae, quam susceperas, admovere. precor ergo, ut tibi et per te generi humano prospera omnia, id est digna saeculo tuo, contingant. fortem te et hilarem, imperator optime, et privatim et publice opto.

C. Plinius Traiano imperatori.
Opto, domine, et hunc natalem et plurimos alios quam felicissimos agas aeternaque laude florentem virtutis tuae gloriam incolumis et fortis aliis super alia operibus augeas.

Ἡρακλείδης Ἡρᾳ υἱῷ χαίρειν.
Πρὸ τῶν ὅλων ἀσπάζομαί σε συνχαίρων ἐπὶ τῇ ὑπαρχθείσῃ σοι ἀγαθῇ εὐσεβεῖ καὶ εὐτυχῆ συμβιώσι κατὰ τὰς κοινὰς ἡμῶν εὐχὰς καὶ προσευχάς, ἐφ᾽ αἷς οἱ θεοὶ τέλιον ἐπακού-

Cicero grüßt Basilus.
Dir den Glückwunsch, mir die Freude! Ich bin Dir zugetan,
für Deine Angelegenheiten sorge ich! Ich bitte um Deine
freundliche Gesinnung und um Mitteilung, was Du vorhast
und was geschieht.

9   Glückwunsch zum Regierungsantritt

C. Plinius an den Kaiser Trajan.
Zwar hatte Deine Sohnesliebe, erhabenster Kaiser, ge-
wünscht, Du mögest erst recht spät Deinem Vater auf dem
Throne folgen; aber die unsterblichen Götter haben sich be-
eilt, Deinen Herrschertugenden die Leitung des Staates anzu-
vertrauen, dem Du Dich nicht versagt hattest. Ich bete also:
möge Dir und durch Dich der Menschheit alles Heil, wür-
dig Deiner großen Zeit, zuteil werden! Mut und Frische
wünsche ich Dir, bester Kaiser, im Hause und im Staate!

10   Geburtstagswunsch

C. Plinius an den Kaiser Trajan.
Ich wünsche, Herrscher, Du mögest diesen Geburtstag und
recht viele weitere ganz glücklich verbringen und den ewig
blühenden Ruhm Deiner Vortrefflichkeit gesund und froh
durch immer neue Taten mehren!

11   Glückwunsch zur Gründung eines eigenen Hausstandes

Herakleides seinem Sohn Heras Freude!
Vor allem grüße ich Dich in Mitfreude über den guten, from-
men und glücklichen Ehestand, der Dir zuteil geworden ist
nach unseren gemeinsamen Wünschen und Gebeten, die die

15

σαντες παρέσχον. Καὶ ἡμεῖς δὲ ἀκοῇ ἀπόντες ὡς παρόντες διαθέσι ηὐφράνθημεν κατεχόμενοι ἐπὶ τοῖς μέλλουσι [καὶ] ὅπως γενόμενοι παρ' ὑμῖν συνάρωμεν διπλῆν εἰλαπίνην τεθαλυῖαν. [καὶ] καθὼς οὖν ὁ ἀδελφός σου Ἀμμωνᾶς διείλεκταί μοι περὶ ὑμῶν καὶ τῶν ὑμῶν πραγμάτων, ὡς δέον ἐστίν, γενήσεται καὶ περὶ τούτου θαρσῶν ἀμέλι καὶ σὺ δὲ σπούδασον ἡμᾶς καταξιῶσαι τῶν ἴσων γραμμάτων καὶ περὶ ὧν βούλει, ἐπίστελλέ μοι ἡδέως ἔχοντι καὶ εἴ σοι ἀβαρές ἐστιν καὶ δυνατόν, συναπόστιλόν μοι σιππίου τρυφεροῦ λίτρας δέκα γίνονται λίτραι ῑ καλῶς κεχειρισμένας τῆς οὔσης παρὰ σοὶ τειμῆς, ἐν τούτῳ μηδὲν βλαπτόμενος. Προσαγόρευε ἀπ' ἐμοῦ πολλὰ τήν σοι φιλτάτην σύνευνον. μεθ' ὧν [m. p.] ἐρρῶσθαί σε καὶ εὐανθοῦντα εὔχομαι, κύριέ μου υἱέ.

/: Ὀξυπώγων. Ἡρᾷ υἱῷ :/

C

Der Bauer Petesuchos an den Bauern Marres; Kerkesephis im Fayum
Ende 2. Jhdt. v. Chr.

Πετεσοῦχος Μαρρήους γεωργὸς τῶν ἐκ Κερκεσίφεως Μαρρῆτι Πετοσείριος ... καὶ ἀδελφῷ χαίρειν.

Γείνωσκε δὲ περὶ τοῦ κατακεκλύσθαι τὸ πεδίον ὑμῶν [= ἡμῶν] καὶ οὐκ ἔχομεν ἕως τῆς τροφῆς τῶν κτηνῶν ἡμῶν. καλῶς οὖν ποιήσῃς εὐχαριστῆσαι πρῶτον μὲν θεοῖς, δεύτερον δὲ σῶσαι ψυχὰς πολλάς, ζητήσας μοι περὶ τὴν κώμην σου εἰς τὴν τροφὴν ἡμῶν ἀρούρας πέντε. ὡς ἕξομεν ἐξ αὐτῶν τὴν τροφὴν ἡμῶν. τοῦτο δὲ ποήσας ἔσῃ μοι κεχαρισμένος εἰς τὸν ἅπαντα χρόνον. ἔρρωσο.

Götter erhört und erfüllt haben. *Auch uns in der Ferne hat die Kunde ebenso gefreut, wie, wären wir dabeigewesen, die Feststimmung; dabei hegen wir Wünsche für die Zukunft, zumal den, zu Euch zu kommen und ein zwiefaches „schwellendes Festmahl" anzuheben. Wie nun Dein Bruder Ammonas mir von Euch und Eurem Ergehen erzählt hat, so eile, uns mit gleicher schriftlicher Nachricht zu beehren, und was Du willst, bestelle bei mir: ich bin gern bereit. Und wenn's möglich und nicht lästig ist, so sende mir zugleich zehn Pfund weichen Wergs, macht 10, gut bearbeitetes, zum dortigen Marktpreis; Du brauchst keineswegs daraufzulegen. Grüße von mir vielmals Deine liebe Ehegenossin; womit [e i g e n - h ä n d i g :] ich Dir Gesundheit und blühendes Gedeihen wünsche, mein Herr Sohn!*

|: Spitzbart seinem Sohn Heras :|

B I T T E   U N D   G E S U C H

12   *Hilferuf bei Wassernot*

Petesuchos, Sohn des Marres, Bauer aus Kerkesephis, dem Marres, Sohn des Petosiris, seinem Herrn und Bruder Freude! Wisse, daß bei uns im Flachland Überschwemmung ist; wir haben nichts, nicht einmal Futter für unser Vieh. Dank' erst den Göttern, und dann sei so gut und mach' mir bei Deinem Dorfe zu unserem Unterhalt 5 Aruren Landes aus, damit wir davon unsere Nahrung haben! Wenn Du das tust, dann ist vielen geholfen und es wird mir ein Gefallen sein für alle Zeit. Bleib' gesund!

2   **17**

C. Plinius Traiano imperatori.

Cum divus pater tuus, domine, et oratione pulcherima et honestissimo exemplo omnes cives ad munificentiam esset cohortatus, petii ab eo, ut statuas principum, quas in longinquis agris per plures successiones traditas mihi, quales acceperam, custodiebam, permitteret in municipium transferre adiecta sua statua. quod quidem ille mihi cum plenissimo testimonio indulserat; ego statim decurionibus scripseram, ut adsignarent solum, in quo templum pecunia mea extruerem; illi in honorem operis ipsius electionem loci mihi obtulerant. sed primum mea, deinde patris tui valetudine, postea curis delegati a vobis officii retentus nunc videor commodissime posse in rem praesentem excurrere. nam et menstruum meum kalendis Septembribus finitur, et sequens mensis complures dies feriatos habet. rogo ergo ante omnia permittas mihi opus, quod incohaturus sum, exornare et tua statua, deinde, ut hoc facere quam maturissime possim, indulgeas commeatum. non est autem simplicitatis meae dissimulare apud bonitatem tuam obiter te plurimum collaturum utilitatibus rei familiaris meae. agrorum enim, quos in eadem regione possideo, locatio, cum alioqui CCCC excedat, adeo non potest diferri, ut proximam putationem novus colonus facere debeat. praeterea continuae sterilitates cogunt me de remissionibus cogitare: quarum rationem nisi praesens inire non possum. debebo ergo, domine, indulgentiae tuae et pietatis meae celeritatem et status ordinationem, si mihi ob utraque haec dederis commeatum triginta dierum. neque enim angustius tempus praefinire possum, cum et municipium et agri, de quibus loquor sint ultra centensimum et quinquagensimum lapidem.

C. Plinius an Kaiser Trajan.

*Als Dein hochseliger Vater, Herr, durch sein herrliches Wort
und sein glänzendes Beispiel alle Bürger zur Spendefreude
aufrief, suchte ich bei ihm um Genehmigung nach, die Herr-
scherbilder auf entlegenen Fluren, die ich von meinen Vor-
gängern übernommen und unverändert erhalten hatte, in die
Stadt zu verpflanzen und die Reihe durch sein Standbild zu
ergänzen, was er ausdrücklich und rechtsförmlich gnädigst
verstattete. Ich schrieb gleich an die Stadtväter um Zuwei-
sung eines Bauplatzes, auf dem ich einen Tempel auf meine
Kosten errichten könnte. Um das Vorhaben zu ehren, über-
ließen sie mir selber die Auswahl. Ich aber war durch Rück-
sichten zuerst auf die eigene Gesundheit, dann auf die Deines
Vaters, schließlich durch die Sorgen meines von Dir über-
tragenen Amtes abgehalten; jetzt endlich scheint es mir am
gelegensten, die Sache zu erledigen. Denn mein Proviant geht
am 1. September zu Ende und der folgende Monat hat mehrere Feiertage. Ich bitte also vor allem um Deine Genehmigung, meinen geplanten Bau auch mit Deinem Standbild
schmücken zu dürfen, und zu dessen Beschleunigung um Be-
willigung eines Urlaubs. Angesichts Deiner Güte steht es meiner Aufrichtigkeit nicht an, zu verheimlichen, daß Deine Ur-
laubsgewährung nebenbei auch meinen eigenen Vermögensver-
hältnissen recht förderlich ist. Die Verpachtung der Äcker, die
ich in jener Gegend besitze — übrigens über 400 —, läßt sich
nicht so weit hinausschieben, daß den nächsten Anschlag bereits der neue Pächter aufstellt. Außerdem zwingen mich die
fortwährenden Ertragsrückgänge, an Pachtnachlaß zu denken, was ich aber nur an Ort und Stelle tun kann. Ich werde*

Στεφάνῳ παρὰ Ἡφαιστίωνος.

Λαβὼν τὰ γράμματα τοῦ υἱοῦ μου Θέωνος ἐξαυτῆς πάντα ὑπερθέμενος ἐλθέ μοι εἰς τὸ ἐποίκιον διὰ τὰ συμβάντα μοι. Ἐὰν δὲ ὀλιγωρήσῃς, ὥσπερ οἱ θεοὶ οὐκ ἐφίσαντό μου, οὕτως κἀγὼ θεῶν οὐ φίσομαι. Ἔρρωσο.

D

Cicero an Acilius; 63—44 v. Chr.

M. T. C. Acilio proc. s. p. d.

Avitum mihi hospitium est cum Lysone Lysonis filio Lilybaetano valdeque ab eo observor, cognovique dignum et patre et avo. est enim nobilissima familia. quapropter commendo tibi maiorem in modum rem domumque eius. magnoque opere a te peto, cures, ut is intelligat meam commendationem maximo sibi apud te et adiumento et ornamento fuisse. vale.

also, Herr, Deiner Nachsicht die schnelle Erfüllung meiner Pietätspflicht und die geordnete Erledigung meiner Geschäfte zu verdanken haben, wenn Du mir für die beiden Angelegenheiten einen Urlaub von dreißig Tagen bewilligst. Eine kürzer bemessene Frist kann ich nicht ansetzen, da sowohl die Stadt wie auch das Pachtland über dem 150. Meilenstein liegen.

14   *Hilfeschrei im Unglück.*

An Stephanos, von Hephaistion!
Wenn Du den Brief meines Sohnes Theon ausgehändigt erhältst, dann lass' sogleich alles liegen und komm in mein Haus wegen meines Unglücks! Wenn Du nicht magst und die Götter mich also verstoßen, will ich sie auch verstoßen! Bleibe gesund!

EMPFEHLUNG UND FÜRBITTE

15   *Empfehlungsbrief für Lyso aus Lilybaeum.*

M. T. Cicero an den Proconsul Acilius recht viele Grüße! Alte Gastfreundschaft verbindet mich mit Lyso, des Lyso Sohn aus Lilybaeum; er ist sehr um mich bemüht; auch scheint er mir ein würdiger Nachfahr seines Vaters und seines Großvaters. Er ist ja aus sehr guter Familie. Deshalb empfehle ich Dir eindringlichst seine Sache und sein ganzes Haus. Angelegentlich bitte ich Dich: sorge, daß er erkennt, wie sehr für ihn meine Empfehlung bei Dir fördersam und auszeichnend ist! Lebe wohl!

Ἑρμίας Ἀκουσιλάῳ τῶι φιλτάτωι πλεῖστα χαίρειν.
Σωτηρίχωι τῶι λαξῶι πρόσεχε χάριν οὗ παρορίξεται ὑπὸ
γίτονος ἑωνημένου τῶν γιτνιωσῶν αὐτῷ. Ἔγραψα Λυσιμάχῳ τῶι κωμογραμματεῖ. Μνήσθητι ὡς ἐν Τριστόμῳ με
ἐφιλοτιμοῦ σὺν ἐμοὶ μεῖναι. Ἐρωτῶ σε ταχύτερον συσχεῖν
τὸ πρᾶγμα, ἵνα κδ ἐρχόμενος πρὸς ἐμὲ ὁ Σωτήριχος ἀνθο-
μολογήσηται περὶ τῆς σπουδῆς. Τὰ δ' ἄλλα ἔρρωσο. —
Ἔτους γ̄ Τιβερίου Καίσαρος Σεβαστοῦ μηνὸς Νέου
Σεβαστοῦ ῑζ̄.

|: Ἀκουσιλάωι τοπάρχηι Τεβτύνεως :|

Der Apostel Paulus an Philemon, Appia und Archippos; 1. Jhdt. n. Chr.

Παῦλος δέσμιος Χριστοῦ Ἰησοῦ, καὶ Τιμόθεος ὁ ἀδελφός, Φιλήμονι τῷ ἀγαπητῷ καὶ συνεργῷ ἡμῶν, καὶ
Ἀπφίᾳ τῇ ἀδελφῇ, καὶ Ἀρχίππῳ τῷ συνστρατιώτῃ
ἡμῶν, καὶ τῇ κατ' οἶκόν σου ἐκκλησίᾳ. Χάρις ὑμῖν καὶ
εἰρήνη ἀπὸ θεοῦ πατρὸς ἡμῶν καὶ κυρίου Ἰησοῦ Χριστοῦ.
Εὐχαριστῶ τῷ θεῷ μου πάντοτε μνείαν σου ποιού-
μενος ἐπὶ τῶν προσευχῶν μου, ἀκούων σου τὴν ἀγάπην
καὶ τὴν πίστιν, ἣν ἔχεις πρὸς τὸν κύριον Ἰησοῦν καὶ
εἰς πάντας τοὺς ἁγίους, ὅπως ἡ κοινωνία τῆς πίστεώς
σου ἐνεργὴς γένηται ἐν ἐπιγνώσει παντὸς ἀγαθοῦ τοῦ
ἐν ὑμῖν εἰς Χριστὸν Ἰησοῦν. Χαρὰν γὰρ πολλὴν ἔσχον
καὶ παράκλησιν ἐπὶ τῇ ἀγάπῃ σου, ὅτι τὰ σπλάγχνα
τῶν ἁγίων ἀναπέπαυται διὰ σοῦ, ἀδελφέ. Διὸ πολλὴν ἐν
Χριστῷ παρρησίαν ἔχων ἐπιτάσσειν σοι τὸ ἀνῆκον. Διὰ
τὴν ἀγάπην μᾶλλον παρακαλῶ, τοιοῦτος ὢν ὡς Παῦλος

Hermias seinem lieben Freunde Akusilaos viel Freude!
Halte Deine Hand über den Steinhauer Soterichos, da er von
seinem Nachbarn, der das angrenzende Grundstück gekauft
hat, in seinem Eigentumsrecht verkürzt wird! Ich habe mich
bereits schriftlich an den Dorfschreiber Lysimachos gewandt.
Denk' daran, wie gern Du in Tristomos mit mir zusammen
warst! Ich bitte Dich um beschleunigte Erledigung, so daß
Soterichos, wenn er am 24. zu mir kommt, Deinen Eifer zu
rühmen weiß. Im übrigen: alles Gute! — Im Jahr 3 des Kai-
sers Tiberius Augustus im Monat Hathyr am 17.
|: An den Ortsvorsteher Akusilaos von Tebtynis :|

Paulus, der Gefangene Christi Jesu, und Bruder Thimotheos
an Philemon, unserm lieben Mitarbeiter, und an Schwester
Appia und Archippos, unseren Mitstreiter, und der Ge-
meinde Deines Hauses: Gnade sei Euch und Friede von Gott,
unserem Vater und vom Herrn Jesu Christi!
Ich danke meinem Gott und gedenke Deiner immerfort in
meinen Bittgebeten. Höre ich doch von Deiner Liebe und Dei-
nem Glauben an den Herrn Jesus und alle Heiligen, daß die
Gemeinschaft unseres Glaubens wirksam werde im Erkennen
alles Guten, das Ihr habt in Christo Jesu. Denn großen Trost
schöpfte ich aus Deiner Liebe, daß die Herzen der Heiligen
sich erbauen an Dir, Bruder. Das gäbe mir in Christo ein
Recht, Dich freimütig zur Pflicht aufzufordern, ich bitte Dich
aber um Deiner Liebe willen, ich, der alte Paulus, nunmehr
ein Gefangener Jesu Christi. Ich bitte Dich also für meinen

πρεσβύτης, νυνὶ δὲ καὶ δέσμιος Ἰησοῦ Χριστοῦ· Παρακαλῶ σε περὶ τοῦ ἐμοῦ τέκνου, ὃν ἐγέννησα ἐν τοῖς δεσμοῖς, Ὀνήσιμον, τὸν ποτέ σοι ἄχρηστον, νυνὶ δὲ καὶ σοὶ καὶ ἐμοὶ εὔχρηστον, ὃν ἀνέπεμψά σοι· σὺ δὲ αὐτόν, τοῦτ' ἔστιν τὰ ἐμὰ σπλάγχνα, προσλαβοῦ. Ὃν ἐγὼ ἐβουλόμην πρὸς ἐμαυτὸν κατέχειν, ἵνα ὑπὲρ σοῦ μοι διακονῇ ἐν τοῖς δεσμοῖς τοῦ εὐαγγελίου· χωρὶς δὲ τῆς σῆς γνώμης οὐδὲν ἠθέλησα ποιῆσαι, ἵνα μὴ ὡς κατὰ ἀνάγκην τὸ ἀγαθόν σου ᾖ, ἀλλὰ κατὰ ἑκούσιον. Τάχα γὰρ διὰ τοῦτο ἐχωρίσθη πρὸς ὥραν, ἵνα αἰώνιον αὐτὸν ἀπέχῃς, οὐκέτι ὡς δοῦλον, ἀλλὰ ὑπὲρ δοῦλον ἀδελφὸν ἀγαπητόν, μάλιστα ἐμοί, πόσῳ δὲ μᾶλλον σοὶ καὶ ἐν σαρκὶ καὶ ἐν κυρίῳ. Εἰ οὖν με ἔχεις κοινωνόν, προσλαβοῦ αὐτὸν ὡς ἐμέ. Εἰ δέ τι ἠδίκησέν σε ἢ ὀφείλει, τοῦτο ἐμοὶ ἐλλόγα. Ἐγὼ Παῦλος ἔγραψα τῇ ἐμῇ χειρί, ἐγὼ ἀποτίσω· ἵνα μὴ λέγω σοι ὅτι καὶ σεαυτόν μοι προσοφείλεις. Ναί, ἀδελφέ, ἐγώ σου ὀναίμην ἐν κυρίῳ· ἀνάπαυσόν μου τὰ σπλάγχνα ἐν Χριστῷ. Πεποιθὼς τῇ ὑπακοῇ σου ἔγραψά σοι, εἰδὼς ὅτι καὶ ὑπὲρ ὃ λέγω ποιήσεις.

Ἅμα δὲ καὶ ἑτοίμαζέ μοι ξενίαν· ἐλπίζω γὰρ ὅτι διὰ τῶν προσευχῶν ὑμῶν χαρισθήσομαι ὑμῖν.

Ἀσπάζεταί σε Ἐπαφρᾶς ὁ συναιχμάλωτός μου ἐν Χριστῷ Ἰησοῦ, Μάρκος, Ἀρίσταρχος, Δημᾶς, Λουκᾶς, οἱ συνεργοί μου. Ἡ χάρις τοῦ κυρίου ἡμῶν Ἰησοῦ Χριστοῦ μετὰ τοῦ πνεύματος ὑμῶν. Ἀμήν.

Priscus an seinen Vater Petronius

Priscus Petronio patri suo salutem.
Apri duplicari Carum duplicarium hominem probum com-

Sohn, den ich im Gefängnis gewann, für Onesimos, mit dem Du einaml Ärger hattest, an dem jetzt aber Du und ich nur Freude haben, den Onesimos, den ich Dir sende. Du aber nimm ihn, das ist mein Sinn, gut auf! Ich wollte ihn bei mir behalten, daß er mir diene an Deiner Statt im Banne der Frohbotschaft. Ich wollte Dir aber nicht vorgreifen, daß Deine Güte nicht aus Zwang wachse, sondern aus freiem Entschluß. Denn er ist Dir vielleicht deswegen entlaufen in der Zeit, daß Du ihn in Ewigkeit wieder habest, nicht mehr als Sklaven, sondern als geliebten Bruder, als meinen Bruder vor allem, um so mehr als Deinen Bruder im Fleische und im Herrn. So Du mich nun als Genossen betrachtest, so nimm ihn auf wie mich selber! Wenn er Dir Schaden getan hat oder etwas schuldig ist, so rechne das mir zu!

Ich, Paulus, schreibe dies mit eigener Hand, daß ich dafür aufkommen werde. Fast möchte ich Dir sagen, daß Du Dich selber mir schuldig bist. Ja, Bruder, mache mir diese Freude im Herrn! Erfülle meinen Wunsch in Christo! Im Vertrauen auf Deine Willfährigkeit schrieb ich Dir und bin gewiß, daß Du über meinen Wunsch noch ein Übriges tust.

Zugleich rüste mir eine Herberge bei Dir! Ich hoffe nämlich, daß ich durch Euer Gebet Euch geschenkt werde.

Es grüßen Dich Epaphras, mein Mitgefangener in Christo Jesu, Markus, Aristarch, Demas, Lukas, meine Mitarbeiter. Die Gnade unseres Herrn Jesu Christi sei mit Eurem Geiste! Amen!

18   *Empfehlung für den Doppelsöldner Carus*

Priscus seinem Vater Petronius Heil!
Des Doppelsöldners Aper Sohn, den Doppelsöldner Carus,

mendo tibi. qui si quid eguerit auxilii tui, rogo, in meum hono-
rem adiuves eum salvo pudore tuo. opto bene valeas. salutem
dic nostris omnibus. salutem tibi dicunt nostri omnes. vale.

Der Gefreite Aurelius Archelaos an den Oberst Julius Domitius;
Oxyrhynchos 2. Jhdt. n. Chr.:

Julio Domitio tribuno militum legionis ab Aurelio Archelao
beneficiario suo salutem.
Iam tibi et pristine commendaveram Theonem amicum meum
et modo quoque peto, domine, ut eum ant' oculos habeas tan-
quam me. est enim tales omo, ut ametur a te; reliquit enim
suos et rem suam et actum et me secutus est. et per omnia me
securum fecit. et ideo peto a te, ut habeat introitum at te. et
omnia tibi referere potest de actum nostrum. quitquit me dixit
illut et factum . . . hanc epistulum ant' oculos habeto, do-
mine; putato me tecum loqui. vale.

Der christliche Dorfpriester Kaor an den Hauptmann Flavius Abinnaeus;
Hermupolis im Fayum um 346 n. Chr.:

Τῷ δεσπότῃ μου καὶ ἀγαπητῷ ἀδελφῷ Ἀβιννέῳ πραιπο-
σίτῳ Καὸρ πάπας Ἑρμοῦ πόλεως χαίρειν.
Ἀσπάζομαι τὰ πεδία σου πολλά. Γινώσκιν σε θέλω, κύριε,
περὶ Παύλῳ τοῦ στρατιότῃ περὶ τῆς φυγῆς συγχωρῆσε αὐτοῦ τούτῳ τὸ ἄβαξ, ἐπειδὴ ἀσχολῶ ἐλθῖν πρὸ σὲν αὐτεη-
μερέ. Καὶ πάλειν ἃμ μὴ παύσεται, ἔρχεται εἰς τὰς χεῖράς σου

26

einen rechtlichen Mann, empfehle ich Dir. Wenn er irgendwie Deiner Hilfe bedarf, so bitte ich, unterstütze ihn mir zu
Ehren, soweit Du es verantworten kannst! Ich wünsche, Du
mögest gesund sein. Sage allen den Unsern Heil! Dir sagen
alle die Unsern Heil! Leb' wohl!

19   *Empfehlung für einen Freund*

Dem Julius Domitius, Militärtribun der Legion, von seinem
Aurelius Archelaos, Benefiziar, Gruß!
Schon früher einmal habe ich Dir meinen Freund Theon empfohlen. Und auch jetzt bitte ich, daß Du ihn vor Augen
habest wie mich selbst. Denn der Mann ist so, daß Du ihn
schätzen mußt. Hat er doch die Seinen und seine Habe und
Beschäftigung verlassen und ist mir nachgezogen. Und allent-
halben hat er für meine Sicherheit gesorgt. Und deshalb bitte
ich dich, daß er Eingang finden möge bei Dir. Und er kann
Dir alles berichten über unser Tun und Treiben. Was er mir
sagte, war auch tatsächlich wahr ... Hast Du diesen Brief
vor Augen, Herr, so soll es Dir sein, als ob ich selber mit Dir
spräche! Leb wohl!

20   *Fürbitte für den Deserteur Paulus*

Meinem Gebieter und geliebten Bruder Abinnaeus, dem
Kommandanten, entbietet Kaor, Priester von Hermupolis,
seinen Gruß! Deine Kinder lasse ich vielmals grüßen!
Wissen lassen möchte ich Dich, Herr, wegen des Soldaten
Paulus: wegen seiner Flucht gib ihm dies eine Mal noch Par-
don! Ich habe nämlich keine Zeit gerade im Augenblick zu

ἄλλω ἄβαξ. Ἐρρῶσθαί σε εὔχομαι πολλοῖς χρόνοις, κύριέ
μου, ἀδελφέ.

Sidonius Petronio suo salutem.

*Ioannes familiaris meus inextricabilem labyrinthum negotii
multiplicis incurrit et donec suarum merita chartarum vel
vestra scientia vel si qua est vestrae (si tamen est ulla) similis inspexerit, quid respuat, quid optet ignorat. ita se quodammodo bipertitae litis forma confundit, ut propositio sua
quem actionis ordinem propugnatura, quem sit impugnatura
non noverit. pro quo precem sedulam fundo, ut perspectis
chartulis suis, si quid iure competit, instruatis, quae qualiterve
sint obicienda, quae refellenda monstrantes. non enim vere-
bimur, quod causae istius cursus, si de vestri manaverit fonte
consilii, ulla contrastantum derivatione tenuetur. vale.*

E

Ἐφ᾿ οἷς εὐηργέτησάς με, διὰ λόγων νῦν εὐχαριστῶ.
ἀλλὰ δεῖξαι καὶ ἔργῳ ἣν ἔχω διάθεσιν πρός σε πάνυ

28

Dir zu kommen. Und wenn er nicht nachläßt, wird er ein anderes Mal wieder in Deine Hände zurückkehren. Ich wünsche Dir Wohlergehen auf viele Jahre, mein Herr Bruder!

Sidonius grüßt seinen Petronius.
Johannes, einer meiner guten Bekannten, hat sich im unentwirrbaren Labyrinth einer verwickelten Prozeßsache verlaufen und kennt sich mit dem „Für" und „Wider" nicht mehr aus, bis er sich über die Bedeutung seiner Papiere klar geworden ist mit Hilfe der Fachkenntnis, die nur Euch oder Euresgleichen (wenn es das überhaupt gibt!) zu Gebote steht. Die Züge des gleichsam doppelgesichtigen Prozesses haben sich so verwirrt, daß er nicht weiß, wo er bei der Verhandlung mit Zustimmung oder Widerspruch einsetzen soll. Für ihn also bringe ich meine angelegentliche Bitte vor, Ihr möget seine Papiere ansehen, ihn über ihre juristische Bedeutung belehren und ihm zeigen, was er einwenden oder widerlegen kann. Denn wir hegen gar keine Befürchtung, der Lauf dieser Streitsache könnte, wenn er aus dem Quell Eurer Weisheit strömte, etwa von den Gegnern unheilvoll abgelenkt werden. Gehabt Euch wohl!

D   A   N   K

Für Deine Wohltaten danke ich nun in Worten. Aber im eifrigen Bestreben, Dir meine Gesinnung auch durch die Tat zu

γλιχόμενος, ὑπείληφα τὸ δι' ἐμοῦ σοι γινόμενον ἔλαττον
τοῦ καθήκοντος· οὐδὲ γὰρ τὸν βίον ὑπὲρ σοῦ προϊέμενος
ἀξίαν ἀποδοίην χάριν ὧν εὖ πέπονθα. τῶν κατ' ἐμὲ δὲ
ὅ τι βούλει ποιῆσαι μὴ γράφε παρακαλῶν, ἀλλ' ἀπαιτῶν
χάριν· ὀφείλω γάρ.

Aus der Brieflehre des Proklos (oder Libanios); byzantinische Zeit

Πολλῶν μὲν καὶ ἄλλων ἀγαθῶν ἕνεκα χάριν γινώσκω
τῇ σῇ καλοκἀγαθίᾳ, μάλιστα δὲ τοῦδε τοῦ πράγματος,
ἐφ' ᾧ με τῶν ἄλλων ὑπὲρ ἁπάντων ὠφέλησας πλέον.

Plinius d. J. an Kaiser Trajan; um 100 n. Chr.

C. Plinius Traiano Imperatori.

Exprimere, domine, verbis non possum, quantum mihi gaudium
attuleris, quod me dignum putasti iure trium liberorum. quamvis enim Iuli Serviani, optimi viri tuique amantissimi, preci-
bus indulseris, tamen etiam ex rescripto intellego libentius hoc
ei te praestitisse, quia pro me rogabat. videor ergo summam
voti mei consecutus, cum inter initia felicissimi principatus
tui probaveris me ad peculiarem indulgentiam tuam perti-
nere; eoque magis liberos concupicso, quos habere etiam illo
tristissimo saeculo volui, sicut potes duobus matrimoniis meis
credere. sed di melius, qui omnia integra bonitati tuae reser-
varunt; maluerunt hoc potius tempore me patrem fieri, quo
futurus essem et securus et felix.

beweisen, glaube ich, daß meine schwachen Kräfte nicht aus-
reichen. Denn selbst wenn ich das Leben für Dich hingäbe,
wäre das noch kein gleichwertiger Dank für Deine Wohltaten.
Soviel auf mich ankommt: was Du willst, daß ich tun soll:
schreibe mir nicht wie einer der zur Dankbarkeit mahnt, sondern wie einer, der sie fordert; denn ich schulde sie.

22 b   Dankbrief

Für viele Güter zwar weiß ich mich Deiner Vortrefflichkeit
zu Dank verpflichtet, am meisten aber für diese Sache . . .,
durch die Du mich vor allen anderen gefördert hast.

23   Dank für die Erteilung des sog. „Dreikinder-Rechtes"

C. Plinius an Kaiser Trajan.
Ich kann es, Herr, mit Worten nicht ausdrücken, welche
Freude Du mir bereitet hast, da Du mich des „Dreikinder-
Rechtes" würdig befandest. Wiewohl Du nämlich das Gesuch
des Julius Servianus, dieses trefflichen, Dir nahestehenden
Mannes, genehmigtest, konnte ich doch aus der Entschließung
ersehen, Du habest sie um so williger erteilt, weil er für mich
nachsuchte. Ich glaubte meinen heißesten Wunsch erfüllt, als
Du gleich zu Anfang Deiner überaus gesegneten Regierung
bewiesest, daß ich Deiner besonderen Gunst sicher sei; um so
mehr wünsche ich mir Kinder, die ich auch in jenen tieftrau-
rigen Zeiten ersehnte, wie Du meinen beiden Ehen glauben
mögest. Aber die Götter lenkten es besser und behielten alles
Deiner Güte vor. Sie wollten mich erst in der Zeit Vater werden lassen, die mir die Gewähr für Sicherheit und Glück verliehen hat.

Traianus Plinio.

Agnosco vota tua, mi Secunde carissime, quibus precaris, ut plurimos et felicissimos natales florente statu reipublicae nostrae agam.

Ἀγαθῆι τύχηι.

Αὐτοκράτωρ Καῖσαρ, θεοῦ Τραϊανοῦ Παρθικοῦ υἱός, θεοῦ Νέρουα υἱωνός, Τραϊανὸς Ἀδριανὸς Σεβαστός, δημαρχικῆς ἐξουσίας, συνόδωι τῶν ἐν Περγάμωι νέων χαίρειν·

Ἐπιγνοὺς ἔκ τε τῶν γραμμάτων καὶ διὰ τοῦ πρεσβεύοντος Κλαυδίου Κύρου τὴν χαρὰν ὅσης ἐφ᾽ ἡμεῖν ὡμολογεῖτε μετειληφέναν ἡγούμην σημεῖα ἀγαθῶν ἀνδρῶν τὰ τοιαῦτα εἶναι. εὐτυχεῖτε. — πρὸ γ̄ ἰδῶν Νοεμβρίων ἀπὸ Ἰουλιοπόλεως.

Hieronymus Marcellae.

Ut absentiam corporum spiritus confabulatione solemur, facit unusquisque quod praevalet. Vos dona transmittitis: nos epistolas remittimus gratiarum. Ita tamen, ut quia velatarum virginum munus est, aliqua in ipsis munusculis esse mysteria demonstremus. Saccus orationis signum atque ieiunii est. Sella, ut foras pedes virgo non moveat. Cerei, ut accenso lumine sponsi exspectetur adventus. Calices mortificationem carnis ostendunt et semper animum ad martyrium praeparatum. ‚Calix quippe domini inebrians quam praeclarus est?'

Trajan an Plinius.
Ich nehme gern Kenntnis, mein teuerster Secundus, von Deinen Wünschen und Gebeten, daß ich noch recht viele glückliche Geburtstage bei blühendem Gedeihen unseres Staatswesens erleben möge.

25   Huldvoller Dank

Glück und Heil!
Imperator Caesar, des Gottes Traianus Parthicus Sohn, des Gottes Nerva Enkel, Traianus Hadrianus Augustus, von tribunicischer Gewalt, dem Vereine der jungen Männer in Pergamon Freude!
Da ich aus Eurem Schreiben und durch den Gesandten Klaudius Kyros die Freude erfuhr, die Ihr über uns mitempfunden zu haben erklärtet, so habe ich solches für Kennzeichen trefflicher Männer erachtet. Seid glücklich! — Am 3. vor den Iden des November, von Juliopolis aus.

26   Dank für Geschenke

Hieronymus an Marcella.
Um uns über unsere räumliche Trennung durch geistige Fühlung hinwegzutrösten, tun wir beide, was wir können. Ihr schickt Geschenke und wir dafür Dankbriefe. Aber wir wollen auch zeigen, daß sich in den lieben Geschenken geheimnisvolle Bedeutungen verbergen; sind es doch Geschenke, wie sie verschleierten Jungfrauen anstehen. Der rauhe Sack ist die Fahne des Betens und Fastens. Der Stuhl bedeutet: eine Jungfrau soll den Fuß nicht vor die Türe setzen. Die Wachslichter: eine Jungfrau soll mit brennender Lampe der Ankunft

Quod autem et matronis offertis muscaria parva parvis animalibus eventilandis, elegans significatio est, debere luxuriam cito restinguere, quia muscae moriturae olei suavitatem exterminant. Hic typus sit virginum, haec figura matronarum. In perversum licet munera vestra conueniant. Sedere aptum est otiosis, in sacco iacere poenitentibus, calices habere potantibus. Licet et propter nocturnos metus et animos semper malo conscientiae formidantes, cereos quoque accendisse gratum sit.

Ruricius episcopus Rustico filio salutem.
Extra affectum consuetudinarium et probatum et humanitatem nobis dignaris impendere, dum usibus tuis detrahis, quod nostris largiaris expensis; quia, puero vestro referente, cognovi, quod piscationis in Visera pro parte vestra nobis iusseras delicias ministrari. unde, salutatione depensa, gratias ago plurimas, exorans divinam misericordiam, ut pro honore, quem nobis pro ipsius timore dependitis, et praesentium dierum vobis conferat felicitatem et beatitudinem tribuat futurorum.

des Bräutigams warten. Die Kelche weisen auf die Kasteiung des Fleisches hin und auf den stets zum Martyrium bereiten Mut. „Der berauschende Kelch des Herrn, wie herrlich ist er!" Weil Ihr für die Frauen auch nette Fliegenfächer schickt, um die kleinen Quälgeister zu verjagen: das sind anmutige Zeichen dafür, daß man die böse Lust schnell ersticken muß; denn Fliegen, die in wohlriechende Salben fallen, kommen um und verderben den Wohlgeruch. Das sind Vorschriften für Jungfrauen, Vorbilder für Matronen. Für mich dagegen passen Eure Geschenke in ganz anderer Deutung: Sitzen ist gut für Müßiggänger, auf dem rauhen Sack zu liegen kommt den armen Sündern zu und Kelche den Trinkern. Und zur Nachtzeit mag es für Angsthasen und schlechte Gewissen angenehm sein, wenn sie sich ein Wachslichtlein anzünden können.

27   Dank für Fischwassernutzung

Über die gewohnte und bewährte Zuneigung hinaus willst Du Uns einen Beweis freundlicher Gesinnung geben, da Du Deinem eigenen Frommen entziehest, was Du zu Unserem Besten spendest. Denn aus dem Bericht Deines Sohnes habe ich entnommen, daß die Genüsse Eures Anteils an dem Fischwasser in der Visera an Uns übergehen sollen. Unter Erwiderung Deines Grußes sage ich vielen, vielen Dank und flehe zur göttlichen Barmherzigkeit, daß sie Euch für die Ehre, die Ihr Uns aus Gottesfurcht erweiset, Glück in diesem Leben und dereinst die Seligkeit zuteile.

F

Servius Ciceroni s.

*Posteaquam mihi renunciatum est de obitu Tulliae filiae tuae,
sane quam pro eo, ac debui, graviter molesteque tuli commu-
nemque eam calamitatem existimavi: qui si istic affuissem,
neque tibi defuissem coramque meum dolorem tibi declaras-
sem. etsi genus hoc consolationis miserum atque acerbum est,
propterea quia per quos ea confieri debet, propinquos ac familiares, ii ipsi pari molestia afficiuntur neque sine lacrimis
multis id conari possunt, ut magis ipsi videantur aliorum con-
solatione indigere quam aliis posse suum officium praestare.
tamen, quae in praesentia mihi in mentem venerunt, decrevi
brevi ad te perscribere, non quo ea te fugere existimem, sed
quod forsitan dolore impeditus minus ea perspicias.*

*Quid est, quod tantopere te comoveat tuus dolor intestinus?
cogita, quemadmodum adhuc fortuna nobiscum egerit: ea
nobis erepta esse, quae hominibus non minus quam liberi cara
esse debent, patriam, honestatem, dignitatem, honores omnis.
hoc uno incommodo addito quid ad dolorem adiungi potuit?
aut qui non in illis rebus exercitatus animus callere iam debet
atque omnia minoris existimare?*

At illius vicem, credo, doles, quotiens in eam cogitationem

Servius grüßt Cicero.

Die Kunde von dem Hinscheiden Deiner Tochter Tullia hat mich — das konnte ja nicht anders sein — schwer und schmerzlich betroffen; ich sehe darin einen Schlag, den das Schicksal gegen uns beide geführt hat, und wäre ich zur Stelle gewesen, ich hätte an Deiner Seite nicht gefehlt und hätte Dir persönlich meine Teilnahme ausgedrückt. Freilich ist es ein hartes und klägliches Ding mit solchem Zuspruch, denn die ihn zu spenden berufen sind, Verwandte und Freunde, fühlen sich ebenso niedergedrückt, und können es nur unter vielen Tränen, ist es doch als bedürften sie selbst eher den Trost anderer, als daß sie imstande wären, den Nächstbetroffenen gegenüber zu tun, was sie ihnen schuldig sind. Trotzdem will ich Dir kurz sagen, was mir für jetzt beifallen will, nicht als könntest Du es Dir nicht selbst sagen, aber Dein Schmerz läßt vielleicht in Deiner Seele den Gedanken nicht aufkommen.

Warum bewegt Dich Dein häusliches Leid so tief? Bedenke, wie bisher das Schicksal mit uns umgegangen ist, wie es uns genommen hat, was dem Menschen ebenso teuer sein muß wie seine Kinder, Vaterland, Achtung, Ehre, alles was das Leben schmückt. Kommt nun das eine Leid hinzu, so bedeutet das doch nur einen geringen Zuwachs des Schmerzes, und die Seele, die durch solche Erlebnisse geprüft ist, muß doch bereits unerschütterlich geworden und gleichsam über alles Irdische erhaben sein.

Aber Du betrauerst wohl ihr Los? Ach, wie oft muß Dir der

necesse est ut tu veneris et nos saepe incidimus, hisce temporibus non pessime cum iis esse actum, quibus sine dolore licitum
est mortem cum vita commutare! quid autem fuit, quod illam
hoc tempore ad vivendum magno opere invitare posset? quae
res? quae spes? quod animi solatium? ut cum aliquo adoles-
cente primario coniuncta aetatem gerceret? licitum est tibi,
credo, pro tua dignitate ex hac iuventute generum deligere,
cuius fidei liberos tuos te tuto committere putares! an ut ea
liberos ex sese pareret, quos cum florentes videret, laetaretur?
qui rem a parente traditam per se tenere possent? honores
ordinatim petituri essent, in republica, in amicorum negotiis
liberalitate sua uti? quid horum fuit, quod non, priusquam
datum est, ademptum sit?, at vero malum est liberos amit-
tere! malum; nisi hoc peius est, haec sufferre et perpeti.

Quae res mihi non mediocrem consolationem attulit, volo tibi
commemorare, si forte eadem res tibi dolorem minuere possit.
ex Asia rediens cum ab Aegina Megaram versus navigarem,
coepi regiones circumcirca prospicere: post me erat Aegina,
ante me Megara, dextra Piraeus, sinistra Corinthus: quae
oppida quodam tempore florentissima fuerunt, nunc pro-
strata et diruta ante oculos iacent. coepi egomet mecum sic
cogitare: ,hem! nos homunculi indignamur, si quis nostrum
interiit aut occisus est, quorum vita brevior esse debet, cum
uno loco tot oppidorum cadavera proiecta iacent? visne tu et,

Gedanke gekommen sein — mir ist er oft gekommen — in diesen Zeiten war es nicht am schlimmsten mit denen bestellt, denen ein schmerzloser Übergang vom Leben zum Tode beschieden war. Was hätte sie bei weiterem Leben in diesen Zeiten locken können? Auf welches Glück für jetzt oder für künftig, auf welche Befriedigung eines Wunsches konnte sie rechnen? Etwa darauf, an der Seite eines edlen Mannes durchs Leben zu gehen? Ach, war es Dir denn vergönnt, aus den Kreisen der heutigen Jugend einen Deiner würdigen Eidam auszuwählen, dem Du Dein Kind mit Zuversicht hättest anvertrauen können? Oder darauf, Kindern das Leben zu geben und sich ihres Gedeihens zu freuen? Kindern, befähigt, was sie von der Mutter ererbt, aus eigener Kraft zu wahren, die Ämterlaufbahn nach Brauch zu durchmessen, in der Politik und in Sachen ihrer Freunde eigenen Freimut zu betätigen? Ach das alles ist ihnen schon genommen, ehe es ihnen noch gegeben war. „Aber", sagst Du, „es ist und bleibt doch bitter, ein Kind zu verlieren." Gewiß, nur daß es noch bitterer ist, tragen und dulden zu müssen, was wir tragen und dulden.

Ich will Dir sagen, was mir nicht geringen Trost gebracht hat, vielleicht vermag es auch Deinen Schmerz zu lindern. Als ich aus Asien zurückkehrend von Ägina auf Megara zufuhr, schaute ich auf die Stätten ringsumher: hinter mir lag Ägina, vor mir Megara, zur Rechten der Piräus, zur Linken Korinth, alles Städte, dereinst herrlich und blühend, und jetzt lagen sie verwüstet und zerstört vor meinem Auge. Da hub ich an, also zu mir selbst zu reden: „Ja, ja, so vieler Städte Leichen sieht man hier dicht nebeneinander hingestreckt; uns kleinen Menschenkindern steht doch ein kürze-

Servi, cohibere et meminisse hominem te esse natum?' crede
mihi, cogitatione ea non mediocriter sum confirmatus. hoc
idem, si tibi videtur, fac ante oculos tibi proponas; modo uno
tempore tot viri clarissimi interierunt, de imperio populi Ro-
mani tanta diminutio facta est, omnes provinciae conquas-
satae sunt: in unius mulierculae animula si iactura facta est,
tanto opere commoveris? quae si hoc tempore non suum diem
obiisset, paucis post annis tamen ei moriendum fuit, quoniam
homo nata fuerat. etiam tu ab hisce rebus animum ac cogitationem tuam avoca atque ea potius reminiscere, quae digna
tua persona sunt: illam, quamdiu ei opus fuerat, vixisse, una
cum re publica fuisse, te, patrem suum, praetorem, consulem,
augurem vidisse, adolescentibus primariis nuptam fuisse, omnibus bonis prope perfunctam esse; cum respublica occideret,
vita excessisse. quid est, quod tu aut illa cum fortuna hoc
nomine queri possitis?

Denique noli te oblivisci Ciceronem esse et eum, qui aliis con-
sueveris praecipere et dare consilium, neque imitare malos
medicos, qui in alienis morbis profitentur tenere se medicinae
scientiam, ipsi se curare non possunt, sed potius, quae aliis
tute praecipere soles, ea tute tibi subiace atque apud animum
propone. nullus dolor est, quem non longinquitas temporis mi-
nuat ac molliat; hoc te expectare tempus tibi turpe est ac non
ei rei sapientia tua te occurrere. quodsi qui etiam inferis sensus est, qui illius in te amor fuit pietasque in omnis suos, hoc
certe illa te facere non vult. da hoc illi mortuae, da ceteris

40

res Leben zu, und doch murren wir, wenn unsereiner natür-
lichen oder gewaltsamen Todes stirbt. Nimm dich doch zusammen, Servius, und bedenke, daß du ein Mensch geboren
bist!" Glaube mir, diese Erwägung hat mich nicht wenig
aufgerichtet; bitte, vergegenwärtige doch auch Du sie Dir:
in diesen Jahren sind so viele ausgezeichnete Männer um-
gekommen, das Römische Reich hat eine so schwere Einbuße
erlitten, alle Provinzen wurden grausam heimgesucht, und
der Verlust eines einigen schwachen Weibes kann Dich so
tief erschüttern? Hätte sie jetzt nicht ihren letzten Tag gesehen, innerhalb weniger Jahre hätte sie doch dahingehen
müssen, war sie doch ein Mensch geboren; so richte denn
auch Du Dein Sinnen und Denken von diesem Verluste auf
alles das hin, was Deines Charakters würdig ist. — Sie hat
gelebt, solange es ihr förderlich war, sie hat gelebt, solange
die Freiheit lebte, sie hat Dich, ihren Vater, als Prätor,
Konsul, Augur gesehen, sie war mit angesehenen Männern
vermählt, sie hat so gut wie alle Güter des Lebens genossen,
und da die Freiheit starb, schied auch sie aus dem Leben;
wie darfst Du oder sie deshalb mit dem Schicksal hadern?
Schließlich vergiß nicht, du bist Cicero, das heißt der Mann,
der andern immer Weisung und Rat erteilte, und mache es
nicht wie schlechte Ärzte, die für sich die Kunst in Anspruch
nehmen, die Leiden anderer heilen zu können, aber sich
selbst nicht zu heilen vermögen; nein, schlage selbst den Weg
ein, den Du andern weisest, und vergegenwärtige Dir selbst,
was Du andern vorstellst! Die lange Zeit lindert und mildert
ja jeden Schmerz, aber für Dich ist es wenig ehrenvoll,
wenn Du auf das Wirken der Zeit wartest und ihr nicht
durch Deine Weisheit entgegenkommst. Gibt es noch ein Be-

amicis ac familiaribus, qui tuo dolore maerent, da patriae, ut,
si qua in re opus sit, opera et consilio tuo uti possit. denique
quoniam in eam fortunam devenimus, ut etiam huic rei nobis
serviendum sit, noli committere, ut quisquam te putet non tam
filiam, quam reipublicae tempora et aliorum victoriam lu-
gere.

Plura me ad te de hac re scribere pudet, ne videar prudentiae
tuae diffidere; quare, si hoc unum proposuero, finem faciam
scribendi: vidimus aliquotiens secundam pulcherrime te ferre
fortunam magnamque ex ea re te laudem apisci; fac aliquan-
do intelligamus, adversam quoque te aeque ferre posse, neque
id maius, quam debeat, tibi onus videri, ne ex omnibus virtu-
tibus haec una tibi videatur deesse.

Quod ad me attinet, cum te tranquilliorem animo esse cog-
noro, de iis rebus, quae hic geruntur, quemadmodumque se
provincia habeat, certiorem faciam. vale.

Die Ägypterin Eirene an das Ehepaar Taonnophris und Philon
in Oxyrhynchos; 2. Jhdt. n. Chr.

Εἰρήνη Ταοννώφρει καὶ Φίλωνι εὐψυχεῖν.
Οὕτως ἐλυπήθην καὶ ἔκλαυσα ἐπὶ τῶι εὐμοίρωι, ὡς ἐπὶ
Διδυμᾶτος ἔκλαυσα. καὶ πάντα, ὅσα ἦν καθήκοντα ἐποίησα

wußtsein im Tode, so kann die Verstorbene bei ihrer Liebe und Anhänglichkeit für all die Ihren nicht wünschen, daß Du tust, was Du tust. Der Toten zuliebe laß Dich bestimmen, und Deinen Freunden und Vertrauten sonst, die Dein Schmerz betrübt, und dem Vaterland zuliebe, auf daß es für Rat und Tat auf Dich rechnen kann, wenn es Deiner bedarf. Und schließlich: wir sind in eine Lage versetzt, wo wir auch in dieser Beziehung auf Selbständigkeit verzichten müssen; darum die Warnung: laß nicht den Verdacht entstehen, du trauertest weniger um die verlorene Tochter als um den traurigen politischen Zustand und um den Sieg der Gegner.

Über diesen Punkt mag ich nicht mehr sagen, sonst könnte es den Anschein gewinnen, als traute ich Deiner Klugheit nicht, darum nur noch eins, und dann will ich schließen: wir haben so oft gesehen, wie Du das Glück mit Würde zu tragen wußtest und damit hohe Anerkennung erwarbst; jetzt laß uns auch einmal sehen, daß Du ein widriges Geschick mit Fassung zu tragen vermagst, und daß Dir diese Last nicht über Gebühr schwer erscheint, sonst könnte es aussehen, als fehlte Dir von allen Tugenden diese allein.

Was mich angeht, so werde ich Dir von den Zuständen hier und von den Verhältnissen in der Provinz Mitteilung machen, sobald ich weiß, Du bist ruhiger geworden. Lebe wohl!

29   Beileid zum Tod eines Kindes

Eirene an Taonnophris und Philon, seid getrost!
Der Verlust Eures lieben Kindes geht mir ebenso nahe wie der meines lieben Didymas. Ich habe alles getan, was man in sol-

καὶ πάντες οἱ ἐμοί, Ἐπαφρόδειτος καὶ Θερμούθιον καὶ Φίλιον καὶ Ἀπολλώνιος καὶ Πλαντᾶς. ἀλλ᾽ ὅμως οὐδὲν δύναταί τις πρὸς τὰ τοιαῦτα. παρηγορεῖτε οὖν ἑαυτοῖς. Εὖ πράττετε. — Ἀθὺρ ᾱ.

/: Ταοννώφρει καὶ Φίλωνι :/

Aus dem Briefsteller des Proklos (oder Libanios); byzantinische Zeit

Λίαν ἡμᾶς ἡ ἀποβίωσις τοῦ μακαρίου τοῦ δεῖνος ἐλύπησε καὶ πενθεῖν καὶ δακρύειν ἠνάγκασε· τοιούτου φίλου γὰρ σπουδαίου καὶ παναρέτου ἐστερήθημεν. δόξα οὖν καὶ αἴνεσις τῷ ἐν σοφίᾳ καὶ ἀκαταλήπτῳ δυνάμει καὶ προνοίᾳ κυβερνῶντι θεῷ τὰς διεξόδους τῷ θανάτῳ καὶ τὴν ψυχὴν ἡνίκα συμφέρει παραλαμβάνοντι.

Plinius d. J. an Cornelius Priscus; 104 n. Chr.

C. Plinius Cornelio Prisco suo s.
Audio Valerium Martialem decessisse et moleste fero. erat homo ingeniosus, acutus, acer, et qui plurimum in scribendo et salis haberet et fellis nec candoris minus. prosecutus eram viatico secedentem; dederam hoc amicitiae, dederam etiam versiculis, quos de me composuit. fuit moris antiquis eos, qui vel singulorum laudes vel urbium scripserant, aut honoribus aut pecunia ornare; nostris vero temporibus ut alia speciosa et egregia ita hoc in primis exolevit. nam postquam desiimus facere laudanda, laudari quoque ineptum putamus.

chen Fällen tun kann, auch all die Meinen: Epaphrodeitos
und Thermuthion und Philion und Apollonios und Plantas.
Aber freilich, was läßt sich gegen solche Schläge tun? Ihr
müßt Euch selbst trösten! Gehabt Euch wohl! — Am 1. Hathyr [= 28. Oktober].
/: An Taonnophris und Philon :/

Gar sehr versetzt uns das Ableben des seligen N. N. in Trauer
und kostet uns Klagen und Tränen; sind wir doch eines so
eifrigen und vortrefflichen Freundes beraubt worden! Ehre
sei denn und Lobpreis dem in Weisheit und unendlicher Macht
und Vorsehung waltenden Gott, der die Bahnen des Todes
lenkt und die Seele, wenn es ihr frommt, zu sich nimmt!

C. Plinius seinem Cornelius Priscus.
Ich höre, Valerius Martialis sei dahingegangen, und bin dar-
ob traurig. Er war ein Mann von Geist, Scharfsinn und
Feuer und seine Schriften hatten Salz und Galle und dabei
Glanz. Mit einem Reisezuschuß hatte ich ihm bei seiner
Heimreise ausgeholfen, um der Freundschaft willen, auch um
der schönen Verse willen, die er mir gewidmet hatte. Brauch
war es bei den Alten, mit Ehren und klingendem Lohn jene zu
bedenken, die das Loblied einzelner Persönlichkeiten oder
ganzer Gemeinden gesungen hatten; in unserer Zeit allerdings
ist dieser Brauch wie so manches andere Schöne und Hohe ab-
gekommen. Denn nachdem wir es verlernt haben, Preiswür-
diges zu vollbringen, gilt es auch als unpassend, sich preisen
zu lassen.

Quaeris, qui sint versiculi, quibus gratiam rettuli. remitterem
te ad ipsum volumen, nisi quosdam tenerem; tu, si placuerint
hi, ceteros in libro requires. adloquitur Musam, mandat, ut
domum meam Esquiliis quaerat, adeat reverenter:

> sed ne tempore non tuo disertam
> pulses ebria ianuam, videto.
> totos dat tetricae dies Minervae,
> dum centum studet auribus virorum
> hoc, quod saecula posterique possint
> Arpinis quoque comparare chartis.
> seras tutior ibis ad lucernas:
> haec hora est tua, cum furit Lyaeus,
> cum regnat rosa, cum madent capilli.
> tunc me vel rigidi legant Catones.

Meritone eum, qui haec de me scripsit, et tunc dimisi amicissime et nunc ut amicissimum defunctum esse doleo? dedit
enim mihi, quantum maximum potuit, daturus amplius, si
potuisset. tametsi quid homini potest dari maius quam gloria
et laus et aeternitas? ,at non erunt aeterna, quae scripsit,'
non erunt fortasse, ille tamen scripsit tamquam essent futura.
vale.

Du fragst nach den Versen, die mich ihm verpflichteten. Ich müßte Dich auf sein Buch selber verweisen, wüßte ich nicht einige auswendig. Du kannst, wenn Dir diese gefallen, die übrigen in der Ausgabe aufsuchen. Er spricht zur Muse, befiehlt ihr an, mein Haus auf dem Esquilin aufzusuchen, aber bescheiden aufzutreten.

> „Doch klopfe nicht mit unwillkommenem Worte,
> Weinfrohe Muse, an des Redners Pforte;
> Der hat tagsüber Reden zu ersinnen,
> Der Hundertmänner Stimmen zu gewinnen
> Und Gegner abzutun mit wucht'gen Streichen,
> Die Marcus Tullius' Donnerkeilen gleichen.
> Doch wenn der Abend sinkt, naht Deine Stunde,
> Treibt in gesalbter Zecher froher Runde
> Lyäus spät sein ausgelass'nes Wesen,
> Darf meine Verslein selbst ein Cato lesen."

Mit Fug und Recht habe ich den Mann, der so über mich schrieb, damals als guten Freund ziehen lassen und beklage jetzt seinen Tod als den meines besten Freundes. Er gab mir doch, was er vermochte, und hätte mir noch mehr zu bieten, wenn er es vermöchte. Schließlich: was kann man einem Menschen Höheres geben als Ruhm, Anerkennung und Unsterblichkeit? „Aber ob das auch unsterblich sein wird, was er schrieb?" Vielleicht nicht unsterblich, aber er schrieb es mit dem Blick in die Zukunft. Lebe wohl!

G

Cicero Attico sal.

Laodiceam veni pridie Kalendas Sextiles: ex hoc die clavum anni movebis. nihil exoptatius adventu meo, nihil carius; sed est incredibile, quam me negotii taedeat. non habeat satis magnum campum ille tibi non ignotus cursus animi et industriae meae, praeclara opera cesset; quippe, ius Laodiceae me dicere, cum Romae A. Plotius dicat, et, cum exercitum noster amicus habeat tantum, me nomen habere duarum legionum exsilium? denique haec non desidero; lucem, forum, urbem, domum, vos desidero. sed feram, ut potero, sit modo annuum; si prorogatur, actum est. verum perfacile resisti potest, tu modo Romae sis.

Quaeris, quid hic agam. ita vivam, ut maximos sumptus facio. mirifice delector hoc instituto; admirabilis abstinentia ex praeceptis tuis, ut verear, ne illud, quod tecum permutavi, versura mihi solvendum sit. Appii vulnera non refrico, sed apparent nec occuli possunt.

Iter Laodicea faciebam a. d. III. nonas Sextiles, cum has litteras dabam, in castra in Lycaoniam; inde ad Taurum cogitabam, ut cum Moeragene signis collatis, si possem, de servo tuo deciderem. clitellae bovi sunt impositae; plane non est

32   Bericht über die ersten Eindrücke bei Antritt der Provinz Cilicien

Cicero grüßt Atticus.

In Laodicea bin ich am 31. Juli eingetroffen; mit diesem Tag kannst Du den neuen Kalender anfangen. Nichts war erwünschter als meine Ankunft, nichts willkommener; aber es ist ganz unglaublich, wie mich meine Sendung anekelt! Der Schwung meines Mutes und Eifers — Du kennst mich — findet hier kein ausreichendes Betätigungsfeld; meine Arbeitsfreude ruht. Freilich: ich spreche Recht in Laodicea und in Rom ein A. Plotius! Unser Freund hat sein Riesenheer und ich habe — dem Namen nach — das Kommando über zwei kümmerliche Legionen. Was soll mir das schließlich? Forum, Rom, mein Haus, ihr: darnach hungert mich! Doch ich werde es ertragen können, es ist ja nur ein Jahr. Kommt aber Verlängerung, ist es um mich geschehen; denn Widerstand wird sehr schwer möglich sein, wenn Du nur in Rom bist.

Du erkundigst Dich, was ich hier treibe. Ich lebe so, daß ich den größten Aufwand mache. Diese Einrichtung macht mir absonderlichen Spaß. Aus Deinen Ermahnungen spricht eine bewundernswerte Enthaltsamkeit, so daß ich fürchte, meine Wechselgeschäfte mit Dir durch Pump decken zu müssen. Ich will die Wunden, die [mein Vorgänger] Appius schlug, nicht von neuem aufreißen, aber sie sind nicht zu übersehen und zu verhüllen.

Aus Laodicea rücke ich aus am 3. August, da ich diesen Brief schreibe ins Lager nach Lykaonien, von dort soll es gegen den Taurus zu gehen, um mit dem [Räuberhauptmann] Möragenes Kampf und Entscheidung zu suchen. Ein Packsattel ist

nostrum onus; sed feremus, modo sit annuum; si ne amas, ad-
sis tu ad tempus, ut senatum totum excites. mirifice sollicitus
sum, quod iam diu ignota sunt mihi ista omnia. quare, ut ad
te ante scripsi cum cetera tum res publica cura ut mihi nota
sit. plura scribam, cum constitero; haec putabam tarde tibi
redditum iri, sed dabam familiari homini ac domestico, C.
Andronico Puteolano. tu autem saepe dare tabellariis publi-
canorum poteris per magistros scripturae et portus nostrarum
dioecesium.

Plinius d. J. an Romanus; um 100 n. Chr.

C. Plinius Romano suo s.

Aedificare te scribis. bene est: inveni patrocinium; aedifico
enim iam ratione, quia tecum. nam hoc quoque non dissimile,
quod ad mare tu, ego ad Larium lacum. huius in litore plures
villae meae, sed duae, ut maxime delectant, ita exercent.
altera imposita saxis more Baiano lacum prospicit, altera
aeque more Baiano lacum tangit. itaque illam tragoediam,
hanc appellare comoediam soleo; illam, quod quasi cothur-
nis, hanc, quod quasi socculis sustinetur. sua utrique amoeni-
tas, et utraque possidenti ipsa diversitate iucundior. haec lacu
propius, illa latius utitur; haec unum sinum molli curvamine
amplectitur, illa editissimo dorso duos dirimit: illic recta ge-
statio longo limite super litus extenditur, hic spatiosissimo xy-
sto leviter inflectitur: illa fluctus non sentit, haec frangit: ex
illa possis despicere piscantes, ex hac ipse piscari hamumque

50

dem Ochsen aufgelegt; das ist wirklich keine Last für uns;
aber wir werden sie tragen, wenn es nur auf ein einziges Jahr
ist. Wenn ich Dir etwas wert bin, sei zur Hand im rechten
Augenblick, um den ganzen Senat aufzuputschen. Ich bin
ganz unruhig, weil mir das alles schon so lange fremd geworden ist. Ich schrieb Dir bereits: halte mich über alles, besonders aber über die Politik auf dem laufenden! Mehr schreibe
ich, wenn ich Rast halten lasse; ich glaube, daß dieser Brief
Dir erst spät zuhanden kommt, aber ich gebe ihn einem Bekannten und Hausgenossen mit, dem C. Andronicus aus Pu-
teoli, Du hingegen könntest Deine Briefe oft durch die Leiter
der Steuerpachtverbände und des Hafens meines Bezirkes den
Boten der Staatspächter mitgeben lassen.

33   Landhäuser am Comersee

C. Plinius grüßt seinen Romanus.
Bauen willst Du, wie Du schreibst? Gut; dann kann ich mich
an jemand halten. Ich baue nämlich auch bereits nach
einem Plan, d. h. mit Dir. Denn schon das trifft sich, daß
Du am Meere, ich am Comersee baue. Ich habe an seinen Ge-
staden mehrere Landhäuser, aber zwei davon machen mir
ebenso zu schaffen, wie sie mich freuen. Die eine schaut von
hohem Riff wie in Baiä auf den See hinaus, die andere liegt
— gleichfalls wie in Baiä — unten am See. Deshalb heiße ich
jene gern „die Tragödie" und diese „die Komödie", jene, weil
sie gleichsam die Kothurne der Tragödie, diese, weil sie gleichsam die Pantoffeln der Komödie anhat. Jede hat ihren eigenen Reiz und gerade ihre gegenseitige Verschiedenheit macht
sie dem Besitzer wertvoll. Die eine liegt näher am See, die
andere hat mehr vom See; die eine Anlage umfaßt eine Bucht

e cubiculo ac paene etiam lectulo ut e navicula iacere. hae mihi causae utrique, quae desunt, adstruendi ob ea, quae supersunt. sed quid ego rationem tibi? apud quem pro ratione erit idem facere. vale.

Plinius d. J. an Tacitus; um 100 n. Chr.

C. Plinius Tacito suo s.

Petis, ut tibi avunculi mei exitum scribam, quo verius tradere posteris possis. gratias ago; nam video morti eius, si celebretur a te, immortalem gloriam esse propositam. quamvis enim pulcherrimarum clade terrarum, ut populi, ut urbes memorabili casu, quasi semper victurus occiderit, quamvis ipse plurima opera et mansura condiderit, multum tamen perpetuitati eius scriptorum tuorum aeternitas addet. equidem beatos puto, quibus deorum munere datum est aut facere scribenda aut scribere legenda, beatissimos vero, quibus utrumque. horum in numero avunculus meus et suis libris et tuis erit. quo libentius suscipio, deposco etiam, quod iniungis.

mit weicher Ausbiegung, die andere scheidet mit ihrem auf-
steilenden Grat zwei Buchten; man kann dort geradewegs
auf einem langen Damm über dem Uferrand weit hinauswan-
deln; hier hat man einen leicht geschwungenen geräumigen
Säulengang. Dort spürt man nichts von der Brandung, hier
bricht sie sich. Dort kann man von der Höhe aus den Fischern
zusehen, hier kann man die Angel selbst vom Zimmer aus, ja
fast vom Bett aus wie von einem Fischerkahn auswerfen. Aus
diesen Gründen will ich bei beiden dazubauen, was noch ab-
geht, um deswillen, was schon steht. Aber was soll ich Dir
einen Bauplan machen! Du hast ja dasselbe vor. Lebe wohl!

C. Plinius an seinen Tacitus.
Du willst von mir eine Schilderung des Ausgangs meines
Oheims haben, um ihn ganz der Wahrheit gemäß für die
Nachwelt darstellen zu können; ich danke Dir, denn ich
sehe, unvergänglicher Ruhm wird seinem Tode beschieden
sein, wenn Du ihn feierst. Wohl hat er bei der Zerstörung
der herrlichen Landschaft wie die Bevölkerung und die (drei)
Städte durch ein denkwürdiges Naturereignis seinen Unter-
gang gefunden und wird eben deshalb, ich möchte sagen für
alle Zeit, leben, wohl hat er selbst zahlreiche Werke ge-
schaffen, die bleiben werden, aber Deine unsterbliche Darstellung wird deren Dauer noch sicherer stellen. Ich preise
glücklich, wem die Götter gegeben haben, Taten zu vollbringen, die der Geschichte Stoff geben, oder Werke zu
schaffen, die der Nachwelt geistige Nahrung spenden; dop-
pelt glücklich aber die, denen beides beschert ward, und zu
denen wird auf Grund seiner und Deiner Werke mein Oheim

Erat Miseni classemque imperio praesens regebat, nonum Kal. Septembres hora fere septima mater mea indicat ei apparere nubem inusitata et magnitudine et specie. usus ille sole, mox frigida gustaverat iacens studebatque; poscit soleas, ascendit locum ex quo maxime miraculum illud conspici poterat. nubes (incertum procul intuentibus, ex quo monte; Vesuvium fuisse postea cognitum est) oriebatur, cuius similitudinem et formam non alia magis arbor quam pinus expresserit. nam longissimo velut trunco elata in altum quibusdam ramis diffundebatur, credo, quia recenti spiritu evecta, dein senescente eo destituta aut etiam pondere sua victa in latitudinem vanescebat, candida interdum, interdum sordida et maculosa, prout terram cineremve sustulerat.

Magnum propiusque noscendum ut eruditissimo viro visum. iubet Liburnicam aptari: mihi, si venire una vellem, facit copiam; respondi studere me malle, et forte ipse, quod scriberem, dederat. egrediebatur domo: accipit codicillos Rectinae Tasci imminenti periculo exterritae (nam villa eius subiacebat, nec ulla nisi navibus fuga); ut se tanto discrimini eriperet, orabat. vertit ille consilium et, quod studioso animo inchoaverat, obit maximo. deducit quadriremes, ascendit ipse non Rectinae modo, sed multis (erat enim frequens amoenitas orae) laturus auxilium. properat illuc, unde alii fugiunt,

dereinst zählen; um so lieber erfülle ich Deinen Wunsch, ja biete mich an für das, was Du begehrst.

Plinius befand sich in Misenum und führte persönlich den Oberbefehl über die Flotte. Am 24. August teilt ihm etwa um die siebente Stunde meine Mutter mit, es stände am Himmel eine Wolke von ungewöhnlicher Gestalt und Größe; er lag nach einem Sonnenbade und einem Trunke kalten Wassers auf dem Lager und studierte; nunmehr ließ er sich seine Sandalen bringen und bestieg eine Anhöhe, von wo die seltsame Naturerscheinung zu beobachten war: es erhob sich eine Wolke, man konnte beim Anblick aus der Ferne nicht bestimmt erkennen, von welchem Berge, nachträglich erfuhr man, es war vom Vesuv, deren Gestalt der Vergleich mit einer Pinie am besten bezeichnen dürfte. Denn sie stieg wie ein gewaltiger Stamm zum Himmel, teilte sich dann in mehrere Äste und breitete sich aus (wohl weil ein frischer Luftzug sie erhob, der dann nachlassend sie vermöge ihrer eigenen Schwere in die Brüche gehen ließ); bisweilen erschien sie weiß, bisweilen schmutzfarben, je nachdem sie Erde oder Asche führte.

Das erschien als ein bedeutsames Naturereignis und als Mann von lebhaftem wissenschaftlichem Interesse meinte er sich das aus größerer Nähe ansehen zu sollen. Er gab Befehl, ein Liburnerschiff segelfertig zu machen, und stellte mir anheim, ob ich mit wollte; ich erwiderte, ich zöge vor, bei der Arbeit zu bleiben, und er hatte mir auch gerade eine schriftliche Arbeit aufgetragen. So wollte er das Haus verlassen, da empfängt er einige Zeilen von Rectina, der Frau des Tascus, die die drohende Gefahr beunruhigte (denn ihr Landhaus lag am Fuße des Vesuv, und man konnte sich von da

rectumque cursum, recta gubernacula in periculum tenet, adeo
solutus metu, ut omnes illius mali motus, omnes figuras, ut
deprenderat oculis, dictaret enotaretque.

Iam navibus cinis incidebat, quo propius accederent, calidior
et densior, iam pumices etiam nigrique et ambusti et fracti
igne lapides, iam vadum subitum ruinaque montis litora ob-
stantia. cunctatus paulum, an retro flecteret, mox guberna-
tori, ut ita faceret, monenti ,fortes' inquit ,fortuna iuvat:
Pomponianum pete'. Stabiis erat, diremptus sinu medio (nam
sensim circumactis curvatisque litoribus mare infunditur);
ibi, quamquam nondum periculo adpropinquante, conspicuo
tamen et, cum cresceret, proximo sarcinas contulerat in naves
certus fugae, si contrarius ventus resedisset. quo tunc avun-
culus meus secundissimo invectus complectitur trepidantem,
consolatur, hortatur, utque timorem eius sua securitate leni-
ret, deferri in balineum iubet: lotus accubat, cenat aut hilaris
aut, quod est aeque magnum, similis hilari.

nur zu Schiffe retten); sie bat, sie aus der bedenklichen Lage
zu befreien. Nun änderte er sein Vorhaben und führte, was
er im wissenschaftlichen Interesse begonnen hatte, um ein
Rettungswerk zu vollbringen mit hohem Mute aus; er läßt
Vierdecker in See stechen und geht selbst an Bord, um der
Rectina und vielen andern, denn die liebliche Küste war
dicht bewohnt, Hilfe zu leisten. Er eilt zu dem hin, was die
andern meiden, richtet den Kurs und steuert gerade auf den
gefährlichen Punkt zu, und war dabei ganz unbefangen,
ließ er doch die wechselnden Bilder der ungeheuren Erschei-
nung, wie er sie wahrnahm, nach seinem Diktat aufzeich-
nen.

Schon fiel Asche auf die Schiffe, heißer und dichter, je näher
sie kamen, auch Stücke von Bimsstein und schwarzen rauch-
geschwärzten und durch Feuer zertrümmerten Steinen.
Schon trat das Meer plötzlich zurück, und das Gestade
wurde durch vom Berge herabgeschleuderte Felsblöcke un-
wegsam. Er hielt an und erwog, ob er rückwärts wenden
lassen sollte, dann rief er dem Steuermanne, der dazu riet,
zu: „Den Tapferen hilft Gott; auf Pomponianus zu.“ Der
lag vor Stabiae, (vom Gros der Flotte) durch einen Meeres-
teil getrennt (denn das Meer bildet dort einen Golf). Er
hatte wohl, als die Gefahr noch nicht unmittelbar drohte,
aber doch erkennbar und anwachsend, sodann ganz nahe
war, die Schiffe segelfertig machen lassen, war aber ent-
schlossen (erst) dann abzufahren, wenn der Gegenwind sich
legte. Dahin fuhr mein Oheim mit durchaus günstigem
Winde, schloß den Geängstigten in die Arme, spricht ihm
Trost zu und läßt sich selbst ins Bad bringen, um durch die
eigene Ruhe die Besorgnis zu mindern. Nach dem Bade geht

Interim e Vesuvio monte pluribus locis latissimae flammae altaque incendia relucebant, quorum fulgor et claritas tenebris noctis excitabatur. ille agrestium trepidatione ignes relictos desertasque villas per solitudinem ardere in remedium formidinis dictitabat. tum se quieti dedit et quievit verissimo quidem somno. nam meatus animae, qui illi propter amplitudinem corporis gravior et sonantior erat, ab iis, qui limini obversabantur, audiebatur. sed area, ex qua diaeta adibatur, ita iam cinere mixtisque pumicibus oppleta surrexerat, ut, si longior in cubiculo mora, exitus negaretur. excitatus procedit seque Pomponiano ceterisque, qui pervigilaverant, reddit. in commune consultant, intra tecta subsistant an in aperto vagentur. nam crebris vastisque tremoribus tecta nutabant et quasi emota sedibus suis nunc huc, nunc illuc abire aut referri videbantur. sub dio rursus quamquam levium exesorumque pumicum casus metuebatur; quod tamen periculorum collatio elegit. et apud illum quidem ratio rationem, apud alios timorem timor vicit. cervicalia capitibus imposita linteis constringunt; id munimentum adversus incidentia fuit. iam dies alibi, illic nox omnibus noctibus nigrior densiorque; quam tamen faces multae variaque lumina solabantur.

er zu Tisch und speist, wirklich, oder, was ebensoviel Seelengröße beweist, scheinbar heiter.

Unterdes leuchteten vom Vesuv her ausgedehnte Flammenherde, und Brände flackerten hoch auf, deren leuchtender Glanz in der nächtlichen Finsternis noch blendender wirkte. Um die Bestürzung (der andern) zu bekämpfen, erklärte mein Oheim, die Bauern hätten bei ihrer eiligen Flucht das Herdfeuer zu löschen versäumt, und nun ständen die verlassenen Landhäuser in Flammen. Dann legte er sich zur Ruhe und schlief wirklich und wahrhaftig, denn seine Atemzüge, die bei seinem schweren Leibe tief und laut waren, waren den Wachenden vor der Tür vernehmlich. Aber der Boden des Vorraumes, von dem aus man das Zimmer betrat, hatte sich bereits gehoben durch ein herabfallendes Gemisch von Asche und Bimssteinstücken, und verweilte man länger im Gemach, so wurde der Ausgang unmöglich. So weckte man meinen Oheim, und er gesellte sich wieder zu Pomponianus und den andern, die die Nacht durchwacht hatten. Man hielt gemeinsamen Rat, ob man innerhalb des Gebäudes bleiben, oder sich im Freien bewegen sollte, denn infolge von zahlreichen gewaltigen Erdstößen wankten die Häuser, und als wären sie nicht mehr fest auf ihrer Stelle, hatte man den Eindruck, als kämen sie bald näher, bald entfernten sie sich wieder. Im Freien hinwiederum war der Fall der freilich leichten zerbröckelten Bimssteinstücke bedenklich; indes die Vergleichung der mit beiden Möglichkeiten verbundenen Gefahren entschied für die letztere, und zwar trug bei ihm selbst eine vernünftige Erwägung über die andere, bei den andern eine Befürchtung über die andere den Sieg davon. Sie legen sich Kissen auf den Kopf und befestigen sie mit

Placuit egredi in litus et ex proximo aspicere, ecquid iam mare admitteret, quod adhuc vastum et adversum permanebat. ibi super abiectum linteum recubans semel atque iterum frigidam poposcit hausitque. deinde flammae flammarumque praenuntius odor sulphuris alios in fugam vertunt, excitant illum. innixus servis duobus adsurrexit et statim concidit, ut ego coniecto, crassiore caligine spiritu obstructo clausoque stomacho, qui illi natura invalidus et angustus et frequenter interaestuans erat. ubi dies redditus (is ab eo, quem novissime viderat, tertius), corpus inventum integrum, inlaesum opertumque, ut fuerat indutus: habitus corporis quiescenti quam defuncto similior.

Interim Miseni ego et mater — sed nihil ad historiam, nec tu aliud quam de exitu eius scire voluisti. finem ergo faciam. unum adiciam, omnia me, quibus interfueram quaeque statim, cum maxime vera memorantur, audieram, persecutum. tu potissima excerpes; aliud est enim epistulam, aliud historiam, aliud amico, aliud omnibus scribere. vale.

Tüchern, was Schutz bot gegen den Steinregen. Schon war es anderswo Tag, dort aber Nacht, finsterer und schwärzer als alle Nächte bisher, indes leuchteten tröstlich zahlreiche Lichterscheinungen und mancherlei Lichtstrahlen.

Man beschloß, an das Gestade zu gehen und aus der Nähe sich zu überzeugen, ob etwa das Meer bereits die Fahrt gestattete, aber es war noch immer wüst und feindlich. Dort legte mein Oheim sich auf ein ausgebreitetes Tuch, verlangte mehrfach einen kalten Trunk und nahm ihn zu sich. Dann jagen Flammen und Schwefelgeruch, die Vorboten des Feuers, die andern in die Flucht und veranlassen ihn, sich zu erheben. Auf zwei Sklaven sich stützend, stand er auf und brach sogleich wieder zusammen, wie ich annehme, benahm ihm der dichtere Qualm den Atem und sperrte die Kehle, die bei ihm von Natur schwach und eng und häufigen Entzündungen ausgesetzt war. Sobald das Licht wiederkehrte (es war am dritten Tage nach dem letzten, den er erlebte), fand man die Leiche unberührt und unverletzt, bedeckt, in den Kleidern, die er zuletzt getragen hatte: nach seiner Körperhaltung eher ein Eingeschlafener als ein Toter. Unterdes hatte in Misenum ich und meine Mutter — aber das geht die Geschichte nichts an, und du hast bloß von meines Oheims Lebensende hören wollen. So will ich denn schließen. Nur noch das eine: ich habe alles geschildert, wobei ich zugegen war und was ich sogleich, wo die Berichte am zuverlässigsten lauten, vernommen habe. Du mußt das Wesentliche daraus entnehmen, denn ein ander Ding ist es, einen Brief, ein anderes, Geschichte schreiben, ein anderes einem Freunde, ein anderes dem großen Publikum Mitteilung zu machen. Lebe wohl.

H

Dorion an den Verwalter Akusilaos; 15. Juni 5 n. Chr.

Δωρίων 'Ακουσιλάωι τῶι διοικητῆι πλεῖστα χαίρειν καὶ διὰ παντὸς ὑγιαίνειν.

'Επὶ τῆς πόλεώς σε ἠρώτησα δούς σοι δραχμὰς ῑβ, ὅπως Λυσιμάχῳ δοῖς καὶ ἐρωτήσῃς αὐτὸν οἵπὲρ ἐμοῦ ,ὅπως ῡ τελήους μοικλέας συντόμως πέμψηι, εἰδὼς ὅτι ἐξιουσίαν αὐτῶν ἔχει καὶ Λυσίμαχος καὶ σύ. Σὲ δὲ ἠρώτησα, φίλτατέ μου, εἰδώς, ὅτι ἐπιτήδιόν σοι καὶ καλοὺς ἔξωι καὶ τελήους καὶ εὐνοϊκοὺς διὰ σέ. "Ερρωσο. — "Ετους λδ Καίσαρος Παῦνι κᾱ.

/: Εἰς πόλιν 'Ακοῦτι διοικητῆι :/

Ammonios an Aphrodisios; 2. Nov. 40 n. Chr.

'Αμμώνιος 'Αφροδισίῳ τῶι φιλτάτωι χαίρειν.

'Εκομισάμην ἐπιστολὴν περὶ τοῦ πέμψαι με ἐπὶ τοὺς ἄρτους τῇ ῑε. Πέμψω οὖν τοὺς ὄνους τῆι ῑη πρὸς σὲ πάντως. Παρακληθεὶς οὖν ἐκ παντὸς τρόπου ποίησον γενέσθαι μοι τὸ ζμῆμα ἀπὸ τοῦ ὀρόβου. Μὴ οὖν ἄλλως ποιήσῃς, μὴ ἵνα δόξωμέν σε εὐθέως ἠλλάχθαι τὰ πρὸς ἡμᾶς. 'Ασπάζου Θέρμιον τὴν ἀδελφὴν καὶ τὰ παιδία σου. "Ερρωσο. — "Ετους ῑε μηνὸς Νέου Σεβαστοῦ ζ Σεβαστῆι.

/: 'Αφρωδισίωι τῷ φιλτάτῳ :/

35   *Mahnung zur Erfüllung eines Tierlieferungsvertrages*

Dorion wünscht dem Dioiketen Akusilaos viel Freude und beständige Gesundheit!
In der Stadt übergab ich Dir 12 Drachmen und bat Dich, sie dem Lysimachos zu geben und ihn zu bitten, mir für meine Rechnung sogleich drei ausgewachsene männliche Esel zu senden, da ich weiß, daß sowohl Lysimachos als Du Überfluß daran habt. Aber, lieber Freund, ich habe Dich gebeten, weil ich weiß, daß es Dir angelegen ist und daß ich durch Dich gute und fehlerfreie und zahme Tiere erhalten werde. Lebe wohl! — Jahr 34 des Kaisers, Payni 15.
|: In die Stadt Akuti an den Dioiketen :|

36   *Abrede über Brotlieferung, Bestellung von Salbe*

Ammonios seinem lieben Aphrodisios Freude!
Ich habe Deinen Brief erhalten, wonach ich am 5. nach dem Brot senden soll. Ich werde Dir also unter allen Umständen die Tragtiere am 8. schicken. Sei so gut und sorge dafür, daß ich auf die eine oder andere Weise die Salbe aus den Kichererbsen bekomme! Mögest Du es nicht anders halten; sonst müßten wir glauben, Du legtest plötzlich keinen Wert mehr auf unsere Geschäftsverbindung. Grüße Deine Schwester Thermion und Deine Kinder! Lebe wohl! — Jahr 5, am 6. Hathyr, dem Kaisertag.
|: Dem lieben Aphrodisios :|

C. Plinius Mustio suo s.

Haruspicum monitu reficienda est mihi aedes Cereris in prae-diis in melius et in maius, vetus sane et angusta, cum sit alio-qui stato die frequentissima. nam idibus Septembribus magnus e regione tota coit populus, multae res aguntur, multa vota suscipiuntur, multa redduntur. sed nullum in proximo suf-fugium aut imbris aut solis. videor ergo munifice simul reli-gioseque facturus, si aedem quam pulcherrimam exstruxero, addidero porticus aedi, illam ad usum deae, has ad hominum. velim ergo emas quattuor marmoreas columnas, cuius tibi vi-debitur generis, emas marmora, quibus solum, quibus parietes excolantur. erit etiam vel faciendum vel emendum ipsius deae signum, quia antiquum illud e ligno quibusdam sui partibus vetustate truncatum est. quantum ad porticus, nihil interim occurrit, quod videatur istinc esse repetendum; nisi tamen ut formam secundum rationem loci scribas. neque enim possunt circumdari templo: nam solum templi hinc flumine et abrup-tissimis ripis, hinc via cingitur. est ultra viam latissimum pra-tum, in quo satis apte contra templum ipsum porticus expli-cabuntur; nisi quid tu melius inveneris, qui soles locorum dif-ficultates arte superare. vale.

C. Plinius an seinen Mustius.

*Auf Anregung von seiten der Priesterschaft will ich den Ce-
restempel auf meinem Landgut renovieren lassen; ansehn-
licher und größer soll er werden, da er ja alt und eng, aber
andererseits an einem bestimmten Tag im Jahr sehr besucht
ist. Denn an den Iden des September strömt dort aus der
ganzen Gegend viel Volk zusammen, es ist dort viel los, viele
fromme Gelübde werden dort übernommen, ebenso viele dort
erfüllt. Aber es befindet sich kein Zufluchtsort gegen Regen
und Sonnenbrand in der Nähe. Ich glaube also großzügig und
gottgefällig zu handeln, wenn ich einen möglichst schönen
Tempel errichten und eine gedeckte Halle anbauen lasse, jenen
für die Göttin, diese für die Leute. Ich wünsche demnach,
kaufe vier Marmorsäulen, wie sie Dir passend scheinen, und
Marmor zum Fußbodenbelag und zur Wandverkleidung!
Ein neues Götterbild wird man wohl auch anfertigen oder
kaufen müssen, da das alte hölzerne dort bereits an einigen
Stellen infolge seines Alters verstümmelt ist. Was die Vorhalle
anlangt, so steht nichts entgegen, daß man sie verlegen kann;
nur mußt Du Dich freilich bei Deinem Entwurf der Örtlich-
keit anbequemen: Die Halle kann nicht unmittelbar um den
Tempel angelegt werden, weil sein Grundriß auf der einen
Seite vom Flußbett mit seinem Steilufer, auf der anderen
Seite vom Straßenkörper eingeschlossen wird. Aber jenseits
der Straße liegt eine weite Wiese, auf der sich dem Tempel
gegenüber die Halle sehr günstig ausdehnen kann. Vielleicht
findest Du eine noch bessere Lösung, Deine Geschicklichkeit
in der Überwindung von Geländeschwierigkeiten ist ja er-
probt. Lebe wohl!*

65

Σαραπάμμων Πιπερᾶτι.

ἔπεμψά σοι ἐπιστολὴν διὰ τοῦ ἀρτοκόπου καὶ εἴως οἶδας τί σοι ἔγραψα. καὶ εἰ μὲν ἐπιμένις σου τῇ ἀπονοίᾳ, συνχέρω σοι· εἰ δὲ μετανοεῖς, σὺ οἶδας. ἴσθι δὲ ὅτι ὀφίλις φόρους καὶ ἀποφορὰς ἑπτὰ ἐτῶν, ὡς ἐὰ⟨ν⟩ μὴ ἀποκαταστασίας [δ]ὴ πέμψῃς οἶδάς σου τὸ[ν] κίνδυνον.

Abundantissime gaudeo, tibi esse curae, ut filii mei editio ursis pluribus instruatur, statimque pretia adnumeranda misissem, nisi hiemalis asperitas inpediret invectionem. sed paulo post, ubi opportunitas veris molliverit itinerum difficultatem, curabitur ferarum emptio, cui definitionis iustitiam spopondisti. interea tibi ago atque habeo gratias et provocatum me ad amicitiae incrementa protestor, licet sponte digneris advertere, honesta beneficia apud memores non perire. vale.

I

Τῷ μεγίστῳ κραταιῷ θεῶι Σοκνοπαίωι παρὰ ᾿Ασκληπιάδου τοῦ ᾿Αρείου.

Εἰ οὐ δίδοταί μοι συμβιῶσαι Ταπεθεῦτι Μαρρείους οὐδ᾿

Sarapammon dem Piperas.
Ich habe Dir einen Brief durch den Bäcker geschickt, und
vielleicht weißt Du, was ich Dir geschrieben habe. Und wenn
Du bei Deiner Torheit bleibst, so freut es mich für Dich; ob
Du aber Deinen Sinn änderst, mußt Du wissen. Bedenke,
daß Du Lasten und Abgaben für sieben Jahre schuldig bist;
wenn Du also nicht Abzahlungen schickst, so kennst Du die
Gefahr für Dich.

39   Besorgung von Bären zu Zirkusspielen

Übermäßig freue ich mich, daß Du Dir angelegen sein läßt,
den Amtsantritt meines Sohnes durch Vorführung einiger
Bären zu verschönen. Ich hätte den Kaufpreis sofort über-
wiesen, würde nicht das winterliche rauhe Wetter den Trans-
port unmöglich machen. Aber in kurzer Weile, wenn des Len-
zes Gunst die Wegeschwierigkeiten mildert, soll der Einkauf
der Bestien besorgt werden, den Du zu erledigen versprochen
hast. Inzwischen sage und weiß ich Dir Dank und bekenne
mich zu immer stärkerer Freundschaft aufgerufen, damit Du
gerne zu bemerken geruhen mögest, daß edle Wohltaten bei
Dankbaren nicht vergebens sind. Lebe wohl!

A   N   G   Ö   T   T   E   R

40   Orakelbrief in einer Heiratsangelegenheit

An den allerhöchsten mächtigen Gott Soknopaios, von Askle-
piades, Sohn des Areios.
Ob es mir nicht bestimmt ist, mit der Tapetheus zusammen-

οὐ μὴ γένηται ἄλλου γυνή; Ὑπόδειξόν μοι καὶ κύρωσόν μοι
τοῦτο τὸ γραπτόν. Πρόην δ᾽ ἦν ἡ Ταπεθεὺς Ὡρίωνος γυνή.
Ἔτους λε̄ Καίσαρος Παχὼν ᾱ.

Ein Unbekannter an den Sobanobkoneus, Lokalgott des Dorfes Bakchias
im Fayum; 1. Jhdt. n. Chr.

Σοκωννωκοννῖ θεῶι μεγάλο μεγάλωι.
Χρημάτισόν μοι, ἢ μείνωι ἐν Βακχιάδι; ἢ μέλλω ἐντυν-
χάνιν; Τοῦτωι ἐμοὶ χρημάτισον.

Ein Unbekannter an Gott; Oxyrhynchos 5./6. Jhdt. n. Chr.

Ὁ θεὸς ὁ παντοκράτωρ ὁ ἅγιος ὁ ἀληθινὸς φιλάνθρωπος
καὶ δημιουργὸς ὁ πατὴρ τοῦ κυρίου καὶ σωτῆρος ἡμῶν
Ἰησοῦ Χριστοῦ φανέρωσόν μοι τὴν παρὰ σοὶ ἀλήθιαν, εἰ
βούλῃ με ἀπελθεῖν εἰς Χιοὺτ ἢ εὑρίσκω σε σὺν ἐμοὶ πράτ-
τοντα καὶ εὐμενῆν. Γένοιτο, ϛθ.

K

Themistokles an Habronichos; Fälschung aus späterer Zeit

Τεθάρρηταί μοι τὰ μεγάλα καὶ δεινὰ ἐκεῖνα, ὦ Ἀβρώ-
νιχε. ἧκέ σοι παρ᾽ ἡμῶν Εὐξίθεος ἀπὸ γλώττης διαλε-
ξόμενος καὶ δηλώσων ὅπως μοι διέγνωσται, σὺ δ᾽ ἐσιώπας,
ὡς ἔφασκεν ἐκεῖνος, εἰς τὴν γῆν κύπτων, ἐπαινεῖν μὲν οὐκ
ἔχων, ὡς ἐμὲ εἰκάσαι, κωλύειν δ᾽ οὐκ ἐθέλων. καὶ καλῶς
ἐποίεις· οὐ γὰρ ἂν ἐκώλυσας, βλασφημεῖν δ᾽ οὐχ ἥρ-
μοττεν. ἀλλ᾽ εἰμί γε, εἶμι, καὶ ἐπὶ τῆς ἀπήνης ἤδη καθεζό-

zuleben oder mit einem anderen Weibe? Entscheide und be-
antworte diese schriftliche Anfrage! Früher war Tapetheus
die Frau des Horion. — Im 35. Jahr des Cäsar [= Augustus],
am 1. Pachon.

An den großmächtigen Gott Sobanobkoneus.
Gib mir Bescheid, ob ich in Bakchias bleiben soll! Wird es
recht so mit mir? Darüber gib mir Bescheid!

Gott, Allmächtiger, Heiliger, Wahrhaftiger, Menschenlieben-
der, Schöpfer, Vater unseres Herrn und Heilands Jesus Chri-
stus, eröffne mir Deine Wahrheit:
Willst Du, daß ich nach Chiut abwandern soll oder darf ich
hier erkennen, daß Du mit mir bist und mir gnädig? So ge-
schehe es! Amen.

ZWISCHEN POLITIKERN

Ich hab's gewagt, das Große und Furchtbare, mein Habronichos! Ich schickte den Euxitheos zu Dir zu mündlicher Be-
sprechung und Kundgabe meiner Entschlüsse. Du aber
schwiegest, wie er berichtet, und senktest den Blick zur Erde;
denn zu loben fandest Du nichts, so will mir scheinen, und
hindern wolltest Du mich nicht. Und das war gut: Du hättest
mich auch gar nicht hindern können und Scheltworte wären

69

μενος ταυτὶ γέγραφα. εὖ πρᾶττε καὶ περὶ ἡμῶν εὐθύμει.

Παυσανίας ὁ ἡγεμὼν τῆς Σπάρτης τούσδε τέ σοι χαρίζεσθαι βουλόμενος ἀποπέμπει δορὶ ἑλών. καὶ γνώμην ποιοῦμαι, εἰ καὶ σοὶ δοκεῖ, θυγατέρα τε τὴν σὴν γῆμαι καί σοι Σπάρτην τε καὶ τὴν ἄλλην Ἑλλάδα ὑποχείριον ποιῆσαι. δυνατὸς δὲ δοκῶ εἶναι ταῦτα πρᾶξαι μετὰ σοῦ βουλευόμενος. εἰ οὖν τί σε τούτων ἀρέσκει, πέμπε ἄνδρα πιστὸν ἐπὶ θάλασσαν, δι' οὗ τὸ λοιπὸν τοὺς λόγους ποιησόμεθα.

Ὧδε λέγει βασιλεὺς Ξέρξης Παυσανίᾳ·
Καὶ τῶν ἀνδρῶν οὕς μοι πέραν θαλάσσης ἐκ Βυζαντίου ἔσωσας κεῖταί σοι εὐεργεσία ἐν τῷ ἡμετέρῳ οἴκῳ ἐς αἰεὶ ἀνάγραπτος, καὶ τοῖς λόγοις τοῖς ἀπὸ σοῦ ἀρέσκομαι. καί σε μήτε νὺξ μήθ' ἡμέρα ἐπισχέτω ὥστε ἀνεῖναι πράσσειν τι ὧν ἐμοὶ ὑπισχρεῖ· μηδὲ χρυσοῦ καὶ ἀργύρου δαπάνη κεκωλύσθω μηδὲ στρατιᾶς πλήθει, εἴ ποι δεῖ παραγίγνεσθαι, ἀλλὰ μετ' Ἀρταβάζου ἀνδρὸς ἀγαθοῦ ὅν σοι ἔπεμψα, πρᾶσσε θαρσῶν καὶ τὰ ἐμὰ καὶ τὰ σὰ ὅπῃ κάλλιστα καὶ ἄριστα ἕξει ἀμφοτέροις.

Cn. Magnus procos. s. d. m. Ciceroni imp.
S. v. b. e. Tuas litteras libenter legi; recognovi enim tuam

nicht angebracht gewesen. Aber ich fahre bereits dahin und schreibe das, im Wagen sitzend. Leb' wohl und sei meinetwegen unbesorgt!

44 a Vorschlag zur Unterwerfung Griechenlands

Pausanias, Führer der Spartaner, schickt Dir diese Kriegsgefangenen zurück aus Gefälligkeit für Dich. Weiter bin ich gewillt, wenn es Dir recht ist, Deine Tochter zu heiraten und Dir Sparta und das übrige Griechenland botmäßig zu machen. Manns genug fühle ich mich dazu, beraten durch Dich. Wenn das also nach Deinem Sinn ist, schicke an die Küste einen verlässigen Mann, über den wir unsere Unterhandlungen fortführen können!

44 b Zustimmung zum Vorschlag des Pausanias

Dies entbietet König Xerxes dem Pausanias:
Sowohl Deine edle Tat — die Rettung der Kriegsgefangenen aus Byzanz übers Meer — bleibt für alle Zeit unvergessen in meinem Hause, wie mir auch Deine Vorschläge behagen. Keine Nacht, kein Tag soll Dich zögernd finden, das zu betreiben, was Du mir versprochen hast! Spare nicht mit Gold und Silber und Truppenmassen, wenn das irgendwie nötig ist! Mit dem trefflichen Artabazos, den ich zu Dir geschickt habe, kannst Du unbedenklich unsere gemeinsamen Angelegenheiten besprechen, wie es für beide Teile am rühmlichsten und vorteilhaftesten sein wird.

45 a Aufruf zur Parteinahme im Bürgerkrieg

Proconsul Cn. Magnus an den Imperator M. Cicero.
Wenn Du wohlauf bist, dann ist's gut. Deinen Brief habe ich

pristinam virtutem etiam in salute communi. Consules ad eum exercitum, quem in Apulia habui, venerunt. Magno opere te hortor pro tuo singulari perpetuoque studio in rem publicam, ut te ad nos conferas, ut communi consilio rei publicae afflictae opem atque auxilium feramus. Censeo, via Appia iter facias et celeriter Brundisium venias.

Caesar an Cicero; auf dem Marsch zwischen Arpi und Brundisium, Anfang März 49 v. Chr.

Caesar imp. s. d. Ciceroni imp.
Cum Furnium nostrum tantum vidissem neque loqui neque audire meo commodo potuissem, properarem atque essem, in itinere praemissis iam legionibus, praeterire tamen non potui, quin et scriberem ad te et illum mitterem gratiasque agerem, etsi hoc et feci saepe et saepius mihi facturus videor: ita de me mereris. imprimis a te peto, quoniam confido me celeriter ad urbem venturum, ut te ibi videam, ut tuo consilio, gratia, dignitate, ope omnium rerum uti possim. ad propositum revertar: festinationi meae brevitatique litterarum ignosces. reliqua ex Furnio cognosces.

Caesar an Cicero; Sinuessa 24. März 49 v. Chr.

Caesar imp. Ciceroni imp. sal. dic.
Recte auguraris de me — bene enim tibi cognitus sum — nihil

72

mit Vergnügen gelesen; Deine altbewährten trefflichen Eigenschaften im Dienst des Gemeinwohles erkenne ich darin wieder. Die Consuln haben sich zu dem Heer geschlagen, das ich in Apulien stehen habe. Bei Deinem ungewöhnlichen und unermüdlichen Eifer für das Staatswohl fordere ich Dich dringend auf, Dich zu uns zu verfügen, damit wir gemeinsam beraten können, wie wir dem bedrängten Staate wirksame Hilfe bringen mögen. Ich halte dafür, daß Du am besten auf der Appischen Straße reisest und Dich schleunig in Brundisium einstellst!

45 b   Versuch zur Gewinnung Ciceros

Imperator Caesar an den Imperator Cicero.
Unsern Furnius habe ich nur gesehen und habe ihn nicht, wie ich wünschte, sprechen und anhören können. Ich habe es eilig, bin unterwegs, die Legionen sind bereits voraus. Trotzdem kann ich mir nicht versagen, an Dich zu schreiben, den Furnius wieder an Dich abzufertigen und Dir zu danken, wie ich es schon oft getan habe und wohl noch öfter tun werde; denn Du verdienst es. Ich gedenke demnächst vor Rom einzutreffen und wünsche Dich dort zu sehen, um mich Deines Rates, Deiner Beziehungen, Deines Einflusses, Deiner Unterstützung in jeder Hinsicht bedienen zu können. Ich wiederhole, Du mußt mit meinem eiligen Kurzbrief Nachsicht haben; alles Weitere hörst Du von Furnius!

45 c   Erneuter Versuch zur Gewinnung Ciceros

Imperator Caesar an den Imperator Cicero.
Du vermutest richtig, Du kennst mich ja dafür: nichts liegt

*a me abesse longius crudelitate. atque ego cum ex ipsa re
magnam capio voluptatem, tum meum factum probari abs te
triumpho gaudio. neque illud me movet, quod ei, qui a me
dimissi sunt, discessisse dicuntur, ut mihi rursus bellum infer-
rent; nihil enim malo quam et me mei similem esse et illos sui.
tu velim mihi ad urbem praesto sis, ut tuis consiliis atque opi-
bus, ut consuevi, in omnibus rebus utar. Dolabella tuo nihil
scito mihi esse iucundius. nec ideo habebo gratiam illi; neque
enim aliter facere poterat: tanta eius humanitas, is sensus,
ea in me est benevolentia.*

L

Cicero an Tiro; 7. Nov. 50 v. Chr.

*Tullius Tironi suo sal. plur. dic. et Cicero et Q. frater
et Q. f.*
*Varie sum affectus tuis litteris, valde priore pagina pertur-
batus, paulum altera recreatus, quare nunc quidem non du-
bito, quin, quoad plane valeas, te neque navigationi neque
viae committas. satis te mature videro, si plane confirmatum
videro. de medico et tu bene existimari scribis et ego sic audio;
sed plane curationes eius non probo; ius enim dandum tibi
non fuit, cum κακοστόμαχος esses; sed tamen et ad illum
scripsi accurate et ad Lysonem. ad Curium vero, suavissimum
hominem et summi officii summaeque humanitatis, multa
scripsi, in his etiam, ut, si tibi videretur, te ad se transferret;*

mir weniger als Härte. Der bisherige Verlauf erfüllt mich mit
großer Genugtuung und ganz besondere Befriedigung ge-
währt es mir, mein Vorgehen von Dir gebilligt zu sehen. Auch
rührt es mich nicht, daß jene, die ich wieder habe laufen lassen, angeblich nur deswegen davongelaufen sind, um aufs neue
gegen mich die Waffen zu kehren. Es ist mir am liebsten so:
ich bleibe mir gleich und sie sich. — Sei Du mir vor Rom zur
Hand, so wünsche ich, ich möchte mich wie sonst in allen
Fragen Deines Rates und Deiner Hilfe bedienen. — Wisse,
Dein Dollabella ist mir besonders wert und dafür brauche ich
ihm gar nicht zu danken; er kann ja gar nicht anders bei
einer Liebenswürdigkeit, Feinfühligkeit und Zuneigung zu
mir.

HERREN UND UNTERGEBENE

46   Sorge um den erkrankten Privatsekretär

Tullius an seinen Tiro mit den herzlichsten Grüßen, auch
Cicero, Bruder Quintus und sein Sohn Quintus.
Mit widerstreitenden Empfindungen habe ich Deine Briefe
gelesen: Deinen früheren mit tiefster Bewegung, Deinen
zweiten mit einiger Erleichterung. Es ist mir klar, daß Du
vor Deiner völligen Genesung weder die Seefahrt noch die
Landreise wagen darfst. Ich sehe Dich früh genug wieder,
wenn ich Dich ganz wieder hergestellt sehe. Der Arzt ge-
nießt, wie Du schreibst, einen guten Ruf, wie auch ich gehört
habe. Aber ganz bin ich mit seinen Anordnungen doch nicht
einverstanden: die Brühe hätte man Dir nicht geben sollen
bei Deiner Magenschwäche; ich habe für alle Fälle an ihn

Lyso enim noster vereor neglegentior sit: primum, quia omnes Graeci; deinde, quod, cum a me litteras accepisset, mihi nullas remisit. sed eum tu laudas, tu igitur, quid faciendum sit, iudicabis. illud, mi Tiro, te rogo, sumptu ne parcas ulla in re, quod ad valetudinem opus sit. scripsi ad Curium, quod dixisses, daret; medico ipsi puto aliquod dandum esse, quo sit studiosior.

innumerabilia tua sunt in me officia domestica, forensia, urbana, provincialia, in re privata, in publica, in studiis, in litteris nostris; omnia viceris, si, ut spero, te validum videro. ego puto te bellissime, si recte erit, cum quaestore Mescinio decursurum. non inhumanus est teque, ut mihi visus est, diligit. et, cum valetudini tuae diligentissime consulueris, tum, mi Tiro, consulito navigationi. nulla in re iam te festinare volo; nihil laboro, nisi ut salvus sis. sic habeto, mi Tiro, neminem esse, qui me amet, quin idem te amet, et cum tua et mea maxime interest te valere, tum multis es curae. adhuc, dum mihi nullo loco deesse vis, nunquam te confirmare potuisti; nunc te nihil inpedit; omnia depone, corpori servi. quantam diligentiam in valetudinem tuam contuleris, tanti me fieri a te iudicabo. vale, mi Tiro, vale, vale et salve. Lepta tibi salutem dicit et omnes. vale. — VII. id. Nov. Leucade.

geschrieben und an Lyso gleichfalls. Erst recht an Curius, diesen lieben Menschen voller Dienstwilligkeit und Kultur, habe ich viel geschrieben, unter anderem, daß er Dich zu sich ins Haus nimmt, wenn es Dir recht ist. Unser Lyso ist nämlich, fürchte ich, etwas nachlässig, einmal überhaupt als Grieche, dann weil er meine Briefe gar nicht beantwortet. Aber Du lobst ihn; entscheide daher auch selbst! Um etwas lieber Tiro, bitte ich Dich: spare ja nicht mit Geld zur Herstellung Deiner Gesundheit! Ich habe den Curius schriftlich angewiesen, Dir zu geben, so viel Du nur verlangst; auch dem Arzt wird man etwas geben müssen, damit er recht eifrig sei.

Unübersehbar häufen sich inzwischen bei mir Deine Dienstobliegenheiten: für Haus, Forum, Stadt, Provinz, in eigener Sache, in politischen Dingen, in unserer Forschung und Schriftstellerei; Du wirst darüber schon Herr werden, wenn ich Dich hoffentlich bald wieder gesund sehe. Ich meine, Du könntest, wenn es Dir recht ist, am nettesten mit dem Quästor Mescinius heimreisen; er ist nicht ungebildet und scheint Dich zu schätzen. Und, wenn Du für Deine Genesung gewissenhaftest gesorgt hast, dann erst, lieber Tiro, darfst Du an die Seereise denken. Keineswegs will ich Dich zur Eile veranlassen; ich habe nur Dein Wohlergehen im Auge. Lieber Tiro, so soll es sein, daß es niemand gibt, der mich schätzt, ohne Dich zu schätzen; und wie Dir und mir soviel an Deiner Gesundheit liegt, so sorgen sich viele darum. Bisher wolltest Du mir nirgends fehlen und hattest so keine Gelegenheit, Dich zu erholen; jetzt hindert Dich nichts daran; schüttle alles ab! Schau nur auf Dein körperliches Behagen! Das gleiche Maß von Sorge, das Du jetzt für Deine Ge-

Τᾶυς Ἀπολλωνίωι τῶι κυρίωι πλεῖστα χαίρειν.
Πρὸ τῶν ὅλων ἀσπάζομαί σε, δέσποτα, καὶ εὔχομαι πάντοτε περὶ τῆς ὑγιείας σου. Ἠγωνίασα, κύριε, οὐ μετρίως,
ἵνα ἀκούσω ὅτι ἐνώθρευσας, ἀλλὰ χάρις τοῖς θεοῖς πᾶσι
ὅτι σε διαφυλάσσουσι ἀπρόσκοπον. Παρακαλῶ σε, κύριε,
ἐάν σοι δόξῃ, καὶ πέμψαι ἐφ᾽ ἡμᾶς, εἰ δὲ μή, ἀποθνήσκο-
μεν ὅτι οὐ βλέπομέν σε καθ᾽ ἡμέραν. Ὤφελον εἰ ἐδυνάμεθα
πέτασθαι καὶ ἐλθεῖν καὶ προσκυνῆσαί σε· ἀγωνιῶμεν γὰρ
με[..]επουσαι σε. Ὥστε διαλλάγηθι ἡμεῖν καὶ πέμψον
ἐφ᾽ ἡμᾶς. Ἔρρωσο κύριε καὶ πάντα ἔχομεν καλῶς. —
Ἐπείφ κ̄δ̄.
/: Ἀπολλωνίωι στρατηγῶι :/

Ἡφαιστίων ὁ καὶ Ἀμμωνῖνος βασιλικὸς γραμματεὺς Νε-
σὺτ διαδεχόμενος καὶ τὰ κατὰ τὴν στρατηγίαν Ἡφαιστίωνι
τῷ καὶ Ἀμμωνίῳ βασιλικῷ γραμματεῖ τοῦ αὐτοῦ νόμου
τῷ φιλτάτῳ χαίρειν.
Τῆς γραφίσης ἐπιστολῆς ὑπὸ Σαλλουστίου Μακρεινιανοῦ
τοῦ κρατίστου ἐπιτρόπου τῆς Νέας πόλεως περὶ τῶν ὀφει-
λόντων πέμπεσθαι μηνιαίων λόγων καὶ ἀπολογισμοῦ τὸ
ἀντιγραφόν σοι ἐπιστέλλεται, φίλτατε, ἵν᾽ εἰδῇς καὶ τὰ
ἴδια μέρη ἀναπληρώσῃς. Ἔρρωσο. — Ἔτους γ̄ Αὐτοκρά-

nesung aufwendest, kann ich dann auch für mich erwarten.
Lebe wohl, mein Tiron, lebe vielmals wohl! Lepta läßt Dich
grüßen und alle andern, lebe wohl! — Am 7. November,
von Leukas aus.

47   Sehnsucht der vertrauten Dienerin nach dem Gebieter

Tays ihrem Herrn Apollonios viel Freude!
Vor allem grüße ich Dich, Gebieter, und bete jederzeit für
Deine Gesundheit. Ich machte mir nicht wenig Sorge, Herr,
zu hören, Du seist krank. Aber allen Göttern sei Dank, daß
sie Dich unversehrt bewahren! Ich bitte Dich, Herr, wenn
es Dir gefällig ist, auch an uns zu senden, sonst vergehen wir,
weil wir Dich nicht jeden Tag sehen. Ich wollte, wir könnten
fliegen und kommen und Dich begrüßen! Denn wir sorgen
uns, wenn wir Dich nicht sehen. Also sei wieder gut mit uns
und sende an uns! Bleibe gesund, Herr, und alles steht gut
bei uns! — Epeiph 24 [= 18. Juli].
|: An den Strategen Apollonios :|

48   Antiker Amtsschimmel

Hephaistion mit dem Beinamen Ammoninos, königlicher
Schreiber von Nesyt, zugleich Verweser der Strategie, sei-
nem lieben Hephaistion mit dem Beinamen Ammoninos, kö-
niglichem Schreiber desselben Gaues, Freude!
Von dem Schreiben des Sallustius Macrinianus, des hoch-
gebietenden Vorstehers von Neapolis, über die einzusenden-
den Monatsrechnungen und Abschlüsse, wird Dir Abschrift
zugestellt, mein Lieber, damit Du Bescheid wissest und Deine
Sonderaufgabe erfüllest. Bleib gesund! — Jahr 3 des Im-

τορος Καίσαρος Λουκίου Σεπτιμίου Σεουήρου Περτίνακος Σεβαστοῦ, Ἀθύρ.

Alypios an Heroninos; 17. Jan. 256 n. Chr.

Παρὰ Ἀλυπίου.

Σὺν θεῷ φάναι προσδοκᾶ ἡμᾶς τῇ κγ πρὸς σὲ τεινομένους. ἧς ὥρας οὖν λαμβάνεις μου τὰ γράμματα, τὸ βαλανεῖον παντὶ τρόπῳ ποίησον ὑποκαυθῆναι καὶ δοκοὺς εἰς αὐτὸ παρενεχθῆναι ποιήσας καὶ ἄχυρον πανταχόθεν συλλέξας, ἵνα θερμῶς λουσόμεθα χειμῶνος ὄντος. καὶ γὰρ προῃρήμεθα παρὰ σοὶ καταχθῆναι, ἐπεὶ καὶ τὰ ὑπόλοιπα χωρίδια ἐπιθεωρεῖν μέλλομεν. καὶ τὰ παρὰ σοὶ διατάξαι καὶ τὴν [ἄλλην?] μέντοι πᾶσαν ὑπηρεσίαν φρόντισον ἔχειν, πρὸ δὲ πάντων χοιρίδιον καλὸν πάλιν ἔστω μὴ ὡς πρῴην καὶ λεπτὸν καὶ ἄχρηστον. πέμψον δὲ καὶ ἐπὶ τοὺς ἁλεεῖς, ἵνα ἰχθὺν κομίσωσι ἡμῖν. ἀπέστειλα δέ σοι γράμματα πρὸς Ὡρείωνα, ἵνα σοι ἀποστείλῃ χόρτου δεσμὰς πεντακοσίας καὶ πάλιν αὐτῷ τὸν ἴσον ἀποδώσεις. τὰ γὰρ ἐργατικά μου κτήνη χλωρὸν ἐσθίει καὶ πάντως περισσότερον χλωρὸν χόρτον ποίησον ἐνεχθῆναι, ἵνα καὶ αὐτὰ τὴν αὐτάρκη τροφὴν ἔχῃ. [secunda manu] πεμψον οὖν ἐπὶ τὸν χόρτον πάντως σήμερον. ἐρρῶσθαί σε εὔχομαι. [prima manu] Ἡρωνείν[ῳ] φροντ(ίστῃ). — ἔτους γ̄ τῦβι κ̄β.

Kaiser Julian an Ekdikios, den Statthalter von Ägypten; Antiochia Nov. 362

Ἰουλιανὸς Ἐκδικίῳ ἐπάρχῳ Αἰγύπτου.

Εἰ καὶ τῶν ἄλλων ἕνεκα μὴ γράφεις ἡμῖν, ἀλλ' ὑπέρ γε τοῦ τοῖς θεοῖς ἐχθροῦ ἐχρῆν σε γράφειν Ἀθανασίου, καὶ ταῦτα πρὸ πλείονος ἤδη χρόνου τὰ καλῶς ἡμῖν ἐγνωσμένα πε-

*perator Caesar Lucius Septimius Severus Pertinax Augu-
stus, im Hathyr.*

Von Alypios.
*Erwarte uns am 23., wo wir mit Theophanes zu Dir kom-
men. Also zu der Stunde, wo Du meinen Brief empfängst,
laß Holzscheite herbeibringen und Spreu von allen Seiten
sammeln und laß das Bad mit aller Macht heizen, damit
wir warm baden können, da es Winter ist. Wir haben nämlich beschlossen, bei Dir Halt zu machen, da wir die übrigen
Güter besichtigen und die Dinge bei Dir ordnen wollen. Sorge
aber auch für jede sonstige Bedienung, vor allem für ein
gutes Ferkel wegen unsrer Begleiter; aber es soll wieder gut
sein, nicht, wie neulich, mager und unbrauchbar. Schick aber
auch zu den Fischern, damit sie uns Fisch bringen. Ich habe
Dir einen Brief an Horion übersandt, damit er Dir 500
Bündel Futter schickt, und Du wirst ihm wiederum die
gleiche Menge erstatten; meine Zugtiere fressen nämlich
Grünfutter. Und laß auf jeden Fall reichlich Grünfutter
bringen, damit auch sie genügende Nahrung haben. (Von
zweiter Hand:) Schick also nach dem Futter auf jeden Fall
noch heute. Ich wünsche Dir Gesundheit. (Von erster
Hand:) An den Gutsinspektor Heroninos, Jahr 3, Tybi 22.*

Julianus an Ekdikios, den Statthalter von Ägypten.
*Wenn Du mir schon über manches nicht berichtest, hättest Du
wenigstens über den Feind der Götter berichten müssen, über
Athanasios, um so mehr, da Du meine bereits vor längerer*

πυσμένον. Ὄμνυμι δὲ τὸν μέγαν Σάραπιν ὡς, εἰ μὴ πρὸ τῶν Δεκεμβρίων καλανδῶν ὁ θεοῖς ἐχθρὸς Ἀθανάσιος ἐξέλθοι ἐκείνης, μᾶλλον δὲ καὶ πάσης τῆς Αἰγύπτου, τῇ ὑπακουούσῃ σοι τάξει προστιμήσαιμι ἂν χρυσοῦ λίτρας ἑκατόν· οἶσθα δὲ ὅπως εἰμὶ βραδὺς μὲν εἰς τὸ καταγνῶναι, πολλῷ δὲ ἔτι βραδύτερος εἰς τὸ ἅπαξ καταγνοὺς ἀνεῖναι. [:Καὶ τῇ αὐτοῦ χειρί:] Πάνυ με λυπεῖ τὸ καταφρονεῖσθαι. Μὰ τοὺς θεοὺς πάντας οὐδὲν οὕτως ἂν ἴδοιμι, μᾶλλον δὲ ἀκούσαιμι ἡδέως παρὰ σοῦ πραχθέν, ὡς Ἀθανάσιον ἐξεληλαμένον τῶν τῆς Αἰγύπτου τόπων, τὸν μιαρόν, ὃς ἐτόλμησεν Ἑλληνίδας ἐπ' ἐμοῦ γυναῖκας τῶν ἐπισήμων βαπτίσαι. Διωκέσθω.

M

Mnesiergos von Athen an seine Hausgenossen; 4. Jhdt. v. Chr.

/: Φέρεν ἰς τὸν κέραμον τὸν χυτρικόν· ἀποδοῦναι δὲ Ναυσίαι ἢ Θρασυκλῆι ἢ θ' υἱῶι :/

Μνησίεργος ἐπέστελε τοῖς οἴκοι χαίρεν καὶ ὑγιαίνεν καὶ αὐτὸς οὕτως ἔφασκε ἔχεν. Στέγασμα εἴ τι βόλεστε ἀποπέμψαι ἢ ὦας ἢ διφθέρας ὡς εὐτελεστάτας καὶ μὴ σισυρωτὰς καὶ κατύματα: τυχὸν ἀποδώσω.

Zeit ergangenen Entschließungen gelesen haben müßtest. Ich schwöre beim großen Sarapis: Wenn der Götterfeind Athanasios nicht vor dem 1. Dezember die Stadt oder vielmehr ganz Ägypten verläßt, werde ich dem Dir unterstehenden Korps eine Buße von hundert Pfund Gold auferlegen. Du weißt, wie langsam ich zu Werke gehe, um zu verurteilen, und um wieviel langsamer noch, um ein einmal gesprochenes Urteil aufzuheben. [eigenhändig:] Am tiefsten schmerzt mich offenbare Mißachtung. Aber bei allen Göttern, nichts will ich wissen, nichts Schöneres aus Deinen dienstlichen Meldungen erfahren als den Vollzug der Ausweisung des Athanasios aus den ägyptischen Landen, dieses Verruchten, der es gewagt hat, unter meiner Regierung die edelsten Frauen Griechenlands zu taufen. Man hetze ihn!

GATTEN UND HAUSVÄTER

51   Gruß; Bitte um Ausrüstungsstücke

|: Zu bringen nach dem Topfmarkte, zu übergeben dem Nausias oder Thrasykles oder seinem Sohn! :|
Mnesiergos bestellt seinen Hausgenossen Grüße und Wünsche für ihr Wohl und teilt mit, daß er selbst wohlauf ist. Eine Decke wenn ihr vielleicht schicken wolltet, Schaf- oder Ziegenhaut, ganz gewöhnliche, und starke Sohlen; bei Gelegenheit werde ich sie zurückgeben.

Tullius Terentiae suae s. p.

Omnis molestias et sollicitudines, quibus et te miserrimam habui, id quod mihi molestissimum est, et Tulliolam, quae nobis nostra vita dulcior est, deposui et eieci. quid causae autem fuerit, postridie intellexi, quam a vobis discessi: χολὴν ἄκρατον noctu eieci; statim ita sum levatus, ut mihi deus aliquis medicinam fecisse videatur; cui quidem tu deo, quemadmodum soles, pie et caste satisfacies, id est Apollini et Aesculapio. navem spero nos valde bonam habere; in eam simulatque conscendi, haec scripsi. deinde conscribam ad nostros familiares multas epistulas, quibus te et Tulliolam nostram diligentissime commendabo. cohortarer vos, quo animo fortiores essetis, nisi vos fortiores cognossem quam quemquam virum. et tamen eiusmodi spero negotia esse, ut et vos istic commodissime sperem esse et me aliquando cum similibus nostri rem publicam defensuros. tu primum valetudinem tuam velim cures; deinde, si tibi videbitur, villis iis utere, quae longissime aberunt a militibus. fundo Arpinati bene poteris uti cum familia urbana, si annona carior fuerit. Cicero bellissimus tibi salutem plurimam dicit. etiam atque etiam vale. — d. VII. Jd. Jun.

Tullius Terentiae suae s. d.

S. v. b. e. v. Redditae mihi tandem sunt a Caesare litterae

Tullius seiner Terentia viele Grüße!

Aller Sorge und Unruhe, die zu meinem Schmerze auch Dich so elend machte und Tulliola (die mir lieber ist als mein Leben) bin ich los und ledig. Was daran schuld war, ist mir am Tage nach unserer Trennung klar geworden: reine Galle habe ich in der Nacht ausgeworfen und es wurde mir sogleich leichter, wie wenn mir eine Gottheit eine Arznei gereicht hätte, eine Gottheit, der Du fromm und rein danken mögest, nämlich dem Apollo und dem Aeskulap.

Ich denke, ich habe ein recht gutes Schiff; und eben an Bord gegangen, schreibe ich diese Zeilen. Später will ich noch an unsere Freunde viele Briefe schreiben und ihnen Dich und unsere Tulliola dringendst ans Herz legen. Ich würde Dich ermahnen, stärkeren Mutes zu sein, aber ich habe Dich stärker gesehen als irgendeinen Mann. Ich hoffe, die Dinge stehen so, aß Du am besten dort bleibst und ich einmal zusammen mit meinesgleichen für das Vaterland streiten werde. Du, bitte, schau vor allem auf Deine Gesundheit; und dann, wenn es geraten scheint, bewohne jene von unseren Landhäusern, die von den Truppen am weitesten abliegen! Das Gut bei Arpinum wird Dir und der Dienerschaft in der Stadt gut tun, wenn die Lebensmittel teurer werden sollten. Der feine Knabe Cicero grüßt Dich herzlichst. Vielmals Lebewohl! — Gegeben am 7. Juni.

Tullius grüßt seine Terentia.

Wenn es Dir gut geht, ist es recht; mir geht es gut. Erhalten

satis liberales, et ipse opinione celerius venturus esse dicitur. cui utrum obviam procedam an hic eum exspectem, cum constituero, faciam te certiorem. tabellarios mihi velim quam primum remittas. valetudinem tuam cura diligenter. vale. — d. pr. Id. Sext.

Tullius s. d. Terentiae suae.

In Tusculanum nos venturos putamus aut Nonis aut postridie. ibi ut sint omnia parata (plures enim fortasse nobiscum erunt et, ut arbitror, diutius ibi commemorabimur). labrum si in balineo non est, ut sit, item cetera, quae sunt ad victum et ad valetudinem necessaria. vale. — Kal. Oct. de Venusino.

Ἱλαρίων Ἄλιτι ἀδελφῆι πλεῖστα χαίρειν καὶ Βεροῦτι κυρία μου καὶ Ἀπολλωνάριν.

Γίνωσκε ὡς ἔτι καὶ νῦν ἐν Ἀλεξανδρέα ᾽σμεν. μὴ ἀγωνιᾶς, ἐὰν ὅλως εἰσπορεύονται, ἐγὼ ἐν Ἀλεξανδρέα μένω. ἐρωτῶ σε καὶ παρακαλῶ σε, ἐπιμελήθητι τῷ παιδίῳ καὶ ἐὰν εὐθὺς ὀψώνιον λάβωμεν, ἀποστελῶ σε ἄνω. ἐὰν πολλὰ πολλῶν τέκῃς, ἐὰν ἦ ἄρσενον ἄφες. ἐὰν ἦν θήλεα ἔκβαλε. εἴρηκας δὲ Ἀφροδισιᾶτι ὅτι μή με ἐπιλάθῃς. πῶς δύναμαί σε ἐπιλαθεῖν; ἐρωτῶ σε οὖν ἵνα μὴ ἀγωνιάσῃς. — Ἔτους κ̄θ Καίσαρος Παῦνι κ̄γ.

/: Ἱλαρίων. Ἄλιτι ἀπόδος :/

habe ich endlich einen sehr großzügigen Brief von Caesar
und er selber soll über Erwarten schnell eintreffen. Ich werde
Dich benachrichtigen, ob ich ihm entgegengehe oder ihn hier
erwarte; ich habe mich noch nicht entschlossen. Schick' mir
die Schreiber möglichst bald zurück! Schau recht auf Deine
Gesundheit! Leb wohl! — Am 13. August.

52 c   Anmeldung

Tullius grüßt seine Terentia.
Auf das Gut bei Tusculum werde ich kommen, glaube ich, an
den Nonen oder tags darauf. Daß dort alles bereit ist! (es
werden vielleicht mehrere mitkommen und wir werden, wie
ich meine, länger dort verweilen). Die große Wanne wenn
nicht im Bad ist, daß sie dort ist! Ebenso alles andere, was
man für die Küche und zur Behaglichkeit braucht! Lebe
wohl! — Am 1. Okt. vom Gut bei Venusia.

53   Der Saisonarbeiter als Vater

Hilarion an seine Schwester Alis viele Grüße!
Auch an meine Herrin Berus und Apollonaris!
Wisse, daß wir auch jetzt noch in Alexandrea sind. Du
brauchst keine Angst zu haben, wenn die andern alle kommen und ich noch in Alexandrea bleibe. Ich bitte und ermahne
Dich: sorge für das Kindchen! Und sobald wir die Löhnung
kriegen, werde ich Dich etwas hinaufschicken. Wenn Du
mit Gottes Hilfe gebierst: wenn es männlich ist, laß es leben;
wenn es weiblich, setze es aus! Du hast der Aphrodisias an-
befohlen: „Vergiß mich nicht!" Wie kann ich Dich ver-
gessen? Ich bitte Dich also, sorge Dich nicht! — Im Jahr 29
des Caesar, Payni 23.
|: Hilarion. An Alis abzugeben :|

C. Plinius Calpurniae suae s.

Numquam sum magis de occupationibus meis questus quae me non sunt passae aut proficiscentem te valetudinis causa in Campaniam prosequi aut profectam e vestigio subsequi. nunc enim praecipue simul esse cupiebam, ut oculis meis crederem, quid viribus, quid corpusculo adparares, ecquid denique secessus voluptates regionisque abundantiam inoffensa transmitteres. equidem etiam fortem te non sine cura desiderarem; est enim suspensum et anxium de eo, quem ardentissime diligas, interdum nihil scire: nunc vero me cum absentiae tum infirmitatis tuae ratio incerta at varia sollicitudine exterret. vereor omnia, imaginor omnia, quaeque natura metuentium est, ea maxime mihi, quae maxime abominor, fingo. quo impensius rogo, ut timori meo cotidie singulis vel etiam binis epistulis consulas. ero enim securior, dum lego, statimque timebo, cum legero. vale.

Desgleichen

C. Plinius Calpurniae suae s.

Incredibile est, quanto desiderio tui tenear: in causa amor primum, deinde quod non consuevimus abesse. inde est, quod magnam noctium partem in imagine tua vigil exigo, inde,

C. Plinius grüßt seine Calpurnia.
Niemals habe ich mich lauter über meine beruflichen Ver-
pflichtungen beklagt, da sie es nicht gestatten, Dich auf Dei-
ner Erholungsreise nach Campanien zu begleiten oder Dir
auf dem Fuße zu folgen. Jetzt sehne ich mich erst recht nach
einem Zusammensein; möchte ich mich doch mit eigenen
Augen überzeugen, wie Campanien Deinen Lebenskräften
und Deinem zarten Körperchen gut tut; wie Du die Freuden
des Landaufenthaltes und die Üppigkeit der Gegend unge-
stört genießest. Allerdings wünsche ich nicht ohne Sorge, Du
mögest frischen Mutes sein; denn es macht unbehaglich und
ängstlich, über den Menschen, den man am heißesten liebt,
zu Zeiten nichts zu erfahren, jetzt vollends hält mich nicht
nur Deine Abwesenheit, sondern vor allem Deine Krankheit
in Unsicherheit und vielfältiger Besorgnis. Ich befürchte
alles Mögliche, bilde mir alles Mögliche ein und male mir,
wie es ja die Eigenheit der zu Befürchtungen neigenden
Leute ist, gerade das am lebendigsten aus, was ich am aller-
wenigsten wünsche. Deshalb bitte ich Dich umso inständiger,
meine Befürchtungen täglich durch einen oder auch zwei
Briefe zu beschwichtigen. Ich werde nämlich ruhiger, wenn
ich einen Brief von Dir lese; und sofort wieder befallen mich
Ängste, wenn ich ihn gelesen habe. Lebe wohl!

C. Plinius grüßt seine Calpurnia.
Es ist gar nicht zu glauben, wie große Sehnsucht nach Dir
mich befallen hat. Das macht unsere Liebe und die unge-
wohnte Trennung. So kommt es, daß ich halbe Nächte im

89

quod interdiu, quibus horis te visere solebam, ad diaetam
tuam ipsi me, ut verissime dicitur, pedes ducunt, quod denique aeger et maestus ac similis excluso a vacuo limine recedo.
unum tempus his tormentis caret, quo in foro amicorum liti-
bus conteror. aestima tu, quae vita mea sit, cui requies in labore, in miseria curisque solacium. vale.

Desgleichen

C. Plinius Calpurniae suae s.

Scribis te absentia mea non mediocriter adfici unumque habere solacium, quod pro me libellos meos teneas, saepe etiam
in vestigio meo colloces. gratum est, quod nos requiris, gratum, quod his fomentis adquiescis. invicem ego epistulas tuas
lectito atque identidem in manus quasi novas sumo; sed eo
magis ad desiderium tui accendor. nam, cuius litterae tantum
habent suavitatis, huius sermonibus quantum dulcedinis inest!
tu tamen quam frequentissime scribe, licet hoc ita me delec-
tet, ut torqueat. vale.

Aline an Apollonios; 118 n. Chr.

Ἀλινὴ Ἀπολλωνίωι τῶι ἀδελφῶι πολλὰ χαίρειν.
Μεγάλως ἀγωνιῶσα περί σου διὰ τὰ ὄντα τοῦ καιροῦ φημι-
ζόμενα καὶ ὅτι ἐξύπνως ἐξῆλθες ἀπ᾽ ἐμοῦ οὔτε πο- . . .
οὔτε σειτίοις ἡδέως προσέρχομαι, ἀλλὰ συνεχῶς ἀγρυ-

Gedanken an Dich durchwache, daß mich untertags zur Stunde, wo ich Dich aufzusuchen pflegte, meine Füße wahrhaftig von selber zu Deinem Zimmer führen, daß ich mich dann aber krank und betrübt und wie ein Verstoßener aus Deinem leeren Zimmer schleiche. Nur eine Zeitspanne bringt mir keine derartigen Qualen: wenn ich auf dem Forum in den Prozessen für meine Freunde aufgehe. Male Dir selber aus, wie mein Leben verläuft, da ich Ruhe in der Arbeit, in Mühsal und Sorgen Trost finde! Lebe wohl!

54 c   Schmerz über die lange Trennung

C. Plinius grüßt seine Calpurnia.
Du schreibst, meine Abwesenheit ginge Dir sehr nahe und Du fändest nur darin einen Trost: meine lieben Bücher in die Hand zu nehmen, oft auch meine Lieblingswege abzuschreiten. Ich empfinde es dankbar, daß Du mich suchst; dankbar, daß Du Dich mit diesen Linderungsmitteln zu beruhigen vermagst. Ich hingegen muß Deine Zeilen immer wieder lesen und immer wieder zu ihnen greifen, als wären sie eben angekommen. Und dabei entbrenne ich dann immer mehr von Sehnsucht nach Dir. Denn: wessen Briefe haben solch süßen Reiz, in wessen Sprache liegt soviel Lieblichkeit? Du also schreibe immerhin, so oft es nur angeht! Es macht mich gleich selig und unrastig. Lebe wohl!

55   Sorge um die Sicherheit des Gatten

Aline ihrem Bruder Apollonios viel Freude!
Schwer besorgt um Deinetwillen wegen der z. Z. umlaufenden Gerüchte, und weil Du mitten aus dem Schlafe von mir fortgingst, mag ich weder an Trank noch an Speise heran-

πνοῦσα νυκτὸς ἡμέρας μίαν μέριμναν ἔχω τὴν περὶ τῆς σωτηρίας σου. Μόνη δὲ ἡ τοῦ πατρός μου πολυωρία ἀνεγείρει με καὶ τῆι ᾱ ἡμέρᾳ τοῦ νέου ἔτους νὴ τὴν σὴν σωτηρίαν ἄγευστος ἐκοιμώμην, ἕως ὁ πατήρ μου εἰσελθὼν ἐβιάσατό με. Παρακαλῶ σε οὖν ἀσφαλῶς σεαυτὸν ... καὶ μὴ μόνος τὸν κίνδυνον ἄνευ φυλακῆς ὑπόμεινε ἀλλὰ ὡς καὶ ὁ ἐνθάδε στρατηγὸς τοῖς ἄρχουσι ἐπιτίθησι τὸ βάρος καὶ σὺ τὸ αὐτὸ ποίει ...

N

Eine Mutter an ihren Sohn; 2. Jhdt. v. Chr.

... Πυνθανομένη μανθάνειν σε Αἰγύπτια γράμματα συνεχάρην σοι καὶ ἐμαυτῆι, ὅτι νῦν γε παραγενόμενος εἰς τὴν πόλιν διδάξεις παρὰ Φάλου ... ἥτι ἰατροκλύστηι τὰ παιδάρια καὶ ἕξεις ἐφόδιον εἰς τὸ γῆρας ...

Cornelia an ihren Sohn C. Sempronius Gracchus; 123 v. Chr.

... .dices pulchrum esse inimicos ulcisci. id neque maius neque pulchrius cuiquam atque mihi esse videtur, sed si liceat re publica salva ea persequi. sed quatenus id fieri non potest, multo tempore multisque partibus inimici nostri non peribunt atque uti nunc sunt erunt potius, quam res publica profligetur atque pereat ...

gehen, sondern habe in beständiger Schlaflosigkeit bei Nacht und Tage nur die eine Sorge um Dein Wohl. Nur die Sorgsamkeit meines Vaters weckt mich auf, und am ersten Tage des neuen Jahres wär' ich, bei Deinem Wohle! ohne etwas zu kosten schlafen gegangen, wenn nicht mein Vater hereingekommen wäre und mich gezwungen hätte. Ich bitte Dich nun, wahre Deine Sicherheit und nimm nicht allein die Gefahr ohne Bedeckung auf Dich, sondern wie der hiesige Stratege den Offizieren die Last aufbürdet, so tu auch Du dasselbe. . . .

E L T E R N   A N   K I N D E R

56   *Aufmunterung im Studium*

. . . Als ich hörte, Du lerntest die ägyptische Schrift, freute ich mich für Dich und mich, daß Du jetzt in die Stadt kommst, beim Spezialarzt Phalu . . . es die Kinder unterrichten kannst und so einmal eine Wegzehrung für Deine alten Tage haben wirst . . .

57   *Mütterliche Ermahnungen zur Rücksicht auf das Vaterland;*
Warnung vor Annahme des Volkstribunats und vor Fortsetzung der Politik
seines älteren Bruders Tiberius

. . . Du wirst sagen, es sei doch ein schönes Ding, an seinen Feinden die Rache zu kühlen. Wohl, das will niemanden erhabener und schöner bedünken denn mir, wofern es sich vollbringen läßt ohne Schaden für das Vaterland. Aber maßen das nicht angeht, sollen unsere Feinde nicht untergehen, sondern fortleben wie sie jetzt tun, hundertmal, ja tausendmal lieber, als daß das Vaterland leidet und untergeht . . .

. . . verbis conceptis deierare ausim, praeterquam qui Tiberium Gracchum necarunt, neminem inimicum tantum molestiae tantumque laboris, quantum te ob has res mihi tradidisse: quem oportebat omnium meorum, quos antehac habui liberos, partis tolerare atque curare, ut quam minimum sollicitudinis in senecta haberem, utique, quaecumque ageres, ea velles maxime mihi placere, atque uti nefas haberes rerum maiorum adversum meam sententiam quicquam facere, praesertim mihi, cui parva pars vitae superest. ne id quidem tam breve spatium potest opitulari, quin et mihi adversere et rem publicam profliges? denique quae pausa erit? ecquando desinet familia nostra insanire? ecquando modus ei rei haberi poterit? ecquando desinemus et habentes et praebentes molestiis desistere? ecquando perpudescet miscenda atque perturbanda re publica? sed si omnino id fieri non potest ubi ego mortua ero, petito tribunatum: per me facito quod lubebit, cum ego non sentiam. ubi mortua ero, parentabis mihi et invocabis deum parentem. in eo tempore non pudebit te eorum deum preces expetere, quos vivos atque praesentes relictos atque desertos habueris? ne ille sirit Iupiter te ea perseverare nec tibi tantam dementiam venire in animum! et si perseveras, vereor, ne in omnem vitam tantum laboris culpa tua recipias, uti nullo tempore tute tibi placere possis . . .

... Mit einem körperlichen Eide zu erhärten möchte ich mich unterwinden: allein die Mörder des Tiberius Gracchus ausgenommen, hat kein Feind mir soviel Qual und Not bereitet, wie Du mit Deinem Tun. Von allen Kindern, die ich ehedem hatte, von ihnen hättest Du die Stelle vertreten müssen und dafür sorgen, daß ich im Alter ein kleinstes Maß von Kümmernis hätte; Du hättest Dich bestreben müssen, in all Deinem Tun meinen Beifall zu finden, und für eine Sünde erachten, in irgendeiner Sache von Wichtigkeit wider meinen Wunsch zu tun, zumal ich ja nur noch eine Spanne Zeit zu leben habe. Aber selbst das kann Dich nicht bestimmen, Dich mir zu fügen und das Vaterland nicht zu schädigen. Und schließlich, wo wird ein Einhalt sein? Wann wird der Wahnsinn in unserem Hause enden? Wann wird er ein Ziel finden? Wann werden wir endlich nicht mehr darauf bestehen, Wunden zu leiden und zu schlagen? Wann kommt die Zeit, da man sich schämt, das Vaterland verstört und verheert zu sehen? Und kann es gar nicht anders sein, so bewirb Dich um das Tribunat, wenn ich tot bin! Meinethalben tu, was Dir gefällt, wenn ich nicht mehr davon weiß! Bin ich tot, so wirst Du mir opfern und den Geist Deiner Eltern anrufen, und schämst Du Dich dann nicht, zu den göttlichen Wesen Gebete hinaufzusenden, die Du, da sie lebten und bei Dir waren, von Dir geschieden und gemieden hast? Das wolle Jupiter nicht zulassen, daß Du bei Deinem Sinne verharrst und daß solch ein Wahnsinn in Deine Seele kommt! Und verharrst Du dabei, so fürchte ich, durch eigene Schuld erntest Du unsägliche Mühsal, und nimmer kannst Du wieder in Deinem Gewissen Frieden finden ...

95

Κορνήλιος Ἱέρακι τῷ γλυκυτάτωι υἱῷ χαίρειν.
Ἡδέως σε ἀσπαζόμεθα πάντες οἱ ἐν οἴκωι καὶ τοὺς μετ᾽ ἐσοῦ πάντας. Περὶ οὗ μοι παλλάκεις γράφεις ἀνθρώπου μηδὲν προσποιηθῇς ἕως ἐπ᾽ ἀγαθῷ πρὸς σὲ παραγένομαι σὺν Οὐηστείνῳ μετὰ καὶ τῶν ὄνων. Ἐὰν γὰρ θεοὶ θέλωσι, τάχιον πρὸς σὲ ἥξω μετὰ τὸν Μεχεὶρ μῆνα, ἐπεὶ ἐν χερσὶν ἔχω ἐπείξιμα ἔργα. Ὅρα μηδενὶ ἀνθρώπων ἐν τῇ οἰκίᾳ προσκρούσῃς, ἀλλὰ τοῖς βιβλίοις σου αὐτὸ μόνον πρόσεχε φιλολογῶν καὶ ἀπ᾽ αὐτῶν ὄνησιν ἕξεις. Κόμισαι διὰ Ὀννωφρᾶ τὰ ἱμάτια τὰ λευκὰ τὰ δυνάμενα μετὰ τῶν πορφυρῶν φορεῖσθαι φαινολίων, τὰ ἄλλα μετὰ τῶν μουρσίνων φορέσεις. Διὰ Ἀνουβᾶ πέμψω σοι καὶ ἀργύριον καὶ ἐπιμήνια καὶ τὸ ἄλλο ζεῦγος τῶν ὑσγείνων. Τοῖς ὀψαρίοις ἐξήλλαξας ἡμᾶς, τούτων καὶ τὴν τιμὴν δι᾽ Ἀνουβᾶ πέμψω σοι, μέντοιγε ἕως πρὸς σὲ ἔλθῃ Ἀνουβᾶς ἀπὸ τοῦ σοῦ χαλκοῦ τὸ ὀψώνιόν σου καὶ τῶν σῶν ἐξοδίασον ἕως πέμψω. Ἔστι δὲ τοῦ Τῦβι μηνὸς σοὶ δ θέλεις, Φρονίμῳ δραχμαὶ ῑς, τοῖς περὶ Ἀβάσκαντον καὶ Μύρωνι δραχμαὶ θ᾽, Σεκούνδῳ δραχμαὶ ῑβ. Πέμψον Φρόνιμον πρὸς Ἀσκληπιάδην ἐμῶι ὀνόματι καὶ λαβέτω παρ᾽ αὐτοῦ ἀντιφώνησιν ἢ ἔγραψα αὐτῷ ἐπιστολῆς καὶ πέμψον. Περὶ ὧν θέλεις δήλωσόν μοι. Ἔρρωσο, τέκνον. — Τῦβι ῑς.
/: Ἱέρακι υἱῶι ἀπὸ Κορνηλίου πατρός. :/

Kornelius seinem süßesten Sohn Hierax Freude!
Herzlich grüßen wir alle von daheim Dich und Deine Ge-
nossen. Den Menschen, von dem Du mir oft schreibst, suche
nicht an Dich heranzuziehen, bis ich — möge es zum besten
sein — zu Dir komme mit Vestinus samt den Eseln. Denn
wenn die Götter wollen, werde ich bald zu Dir kommen, nach
dem Monat Mechir, da ich jetzt dringende Arbeiten unter
der Hand habe. Sieh zu, daß Du keinen Menschen im Hause
vor den Kopf stößt; vielmehr halte Dich lediglich an Deine
Bücher in eifrigem Studium und Du wirst Nutzen davon
haben. Besorge Dir durch Onnophras die weißen Kleider, die
zu den Purpurmänteln getragen werden können, die anderen
magst Du zu den myrrhenfarbigen tragen. Durch Anubas will
ich Dir Geld, Monatsvorrat und das andere Paar der Schar-
lachkleider schicken. Mit den Fischen hast Du uns dafür etwas
Gutes angetan und den Preis werde ich Dir durch Anubas
schicken; indessen bis Anubas zu Dir kommt, zahle von Dei-
nem Kleingelde den Lebensunterhalt für Dich und Deine
Leute, bis ich es schicke. Für den Monat Tybi hast Du, was
Du willst, nämlich für Phronimos 16 Drachmen, für Abas-
kantos und Genossen und für Myron 9 Drachmen, für Sekun-
dus 12 Drachmen. Schicke Phronimos an Asklepiades in mei-
nem Namen, und er soll von ihm sich eine Antwort auf mei-
nen Brief geben lassen, und schicke sie mir! Teile mir Deine
Wünsche mit! Bleib gesund, mein Kind! — Tybi 16 [= 11.
Januar].
|: An den Sohn Hierax von Vater Kornelius :|

Η μητηρ . . . *ελοχω τω υιαι χαιρειν·*
οψειας ωρας απελτουσα προς Σεραπιωνα τον βατραν(♪ εξε-
τασε περι της σωτηριας σου και της πεδιων σου και ειπε
μοι οτι τον ποδαν πονεις απο σκολτου και ετολοτην ως σου
περισσοτερον νωχελευομενου και αιμου λαιγουσας τω Σερα-
πιωνι οτι συνερξερχομε συ ελεγαι μοι ουδεν περισοτρον εχι
σε ει δε οιδες σατω οτι εχεις ετι γραψον μοι και χαταβενω
περπατω μετα ου εαν ευρω μη ουν αμελησης τεχνον γραψε
μοι περι της σωτηριας σου ωσθε ιδως ποβον τεχνου ασπα-
ζετε σε τα τεχνα σου.

Symmachus Symmacho filio.
*Circensium sollemnitati consularis magnificentia satisfecit;
ludorum adhoc et muneris splendidissimae imminent func-
tiones, quibus ante Februarias nonas, ut opinamur, impletis
iter ad nostra relegemus. haec eo scribo, ut laetitia amabili-
tatis tuae spe meliore pascatur. vale.*

Symmachus Symmacho filio.
*Ubi primum scribendi mihi ad vos copiam familiaris ingessit
occasio, non distuli desiderium tui scriptione testari, ut salutis meae certus tuam cures et subinde absentiam meam litte-
raria voluptate soleris. vale.*

Die Mutter grüßt ihren Sohn Hegelochos.
Spätabends kam ich zu dem Veteranen Serapion um zu fra-
gen, wie es Dir und Deinen Kindern gehe. Und er sagt mir,
Du habest einen schlimmen Fuß von einem Splitter. Und ich
mache mir Sorge, Du wärest ernstlicher krank. Und wie ich
zu Serapion sagte, ich wollte mit ihm zurück zu Dir, sagte
er, Dir ginge es nicht übermäßig schlecht. Wenn Du dich aber
wirklich kränker fühlst, schreib' es mir und ich komme hin-
unter mit dem ersten besten, den ich treffe. Vergiß also nicht,
mein Kind, zu schreiben, wie es Dir geht! Du weißt ja, wie
man sich um ein Kind sorgt. Deine Kinder lassen Dich grüßen.

60 a   Ankündigung der Heimreise

Symmachus an Symmachus, seinen Sohn.
Der Verpflichtung zu den Zirkus-Festspielen hat die konsu-
larische Würde Genüge getan; noch haben wir als Ehrengast
einige Spiele und Aufzüge zu überstehen, worauf wir in der
ersten Februarwoche den Heimweg einzuschlagen gedenken.
Dies schreibe ich Dir, auf daß sich die Freude Deiner Liebden
an schöner Hoffnung weide. Lebe wohl!

60 b   Lebenszeichen

Symmachus an Symmachus, seinen Sohn.
Sobald mir ein lieber Augenblick die Gelegenheit bot, an Dich
zu schreiben, konnte ich es nicht länger aufschieben, meine
Sehnsucht nach Dir schriftlich zu bekunden, auf daß Du —
über mein Wohlbefinden beruhigt — für das Deine sorgen und
gleich die Trennung von mir durch die Freude an meinem
Brief überbrücken mögest! Lebe wohl!

Symmachus Symmacho filio.

*Scintillare acuminibus atque sententiis epistulas tuas gau-
deo; decet enim loqui exultantius iuvenalem calorem. sed
volo, ut in aliis materiis aculeis orationis utaris, huic autem
generi scriptionis maturum aliquid et comicum misceas; quod
tibi etiam rhetorem tuum credo praecipere. nam ut in vestitu
hominum ceteroque vitae cultu loco ac tempori apta sumun-
tur, ita ingeniorum varietas in familiaribus scriptis neglegen-
tiam quandam debet imitari, in forensibus vero quatere arma
facundiae. sed de his non ibo longius. perge interim, quo te
aetatis impetus et naturae ardor inpellit. mei voti caput est,
ut bene valeas et supra annos tuos litterarum dote ditescas.*

Filio Constantio Ruricius episcopus.

*Quamlibet Baccho, symphoniis et diversis musicis nec non
etiam et puellarum choris te deditum esse cognoverim, tamen
quia bonum est ab his, dum pervalde fervet adulescentia, ali-
quoties respirare et magis domino vacare quam Libero, paren-
tibus quoque operam dare quam cantibus, moneo, ut crastino,
quod erit quarta feria, Brivae, temporius tamen, quod te fac-
turum minime credo, mihi ieiunus occurras.*

Symmachus an Symmachus, seinen Sohn.

Deine Briefe sprühen über von Witzen und Zitaten; das freut mich; denn eine schwungvolle Sprache steht dem jugendlichen Feuer wohl an. Aber ich möchte doch, daß Du Dich zwar in anderen Sparten scharfer Würze der Rede bedienst, bei dieser Art der schriftlichen Äußerung aber Reife mit Heiterkeit vereinigst; was Dir wohl auch Dein Lehrer einprägen wird. Denn wie man sich in der Wahl der Kleidung und des sonstigen Auftretens an Ort und Zeit anpaßt, so soll es auch die Vielseitigkeit des Geistes gestatten, in vertrauten Schreiben eine gewisse Lässigkeit vorzutäuschen, in amtlichen Schreiben hingegen die Waffen der Redekunst zu schwingen. Aber über diesen Punkt will ich mich nicht weiter verbreiten. Einstweilen nur so weiter, wie Dich der Schwung Deines Lebensalters und die Glut Deiner Natur antreibt! Mein Hauptwunsch ist, Du mögest gesund bleiben und an Wissenschaft schneller denn an Alter zunehmen!

An meinen Sohn Constantius! Ruricius, der Bischof.

Wiewohl ich Dich dem Bacchus, Konzertbetrieb und Musikanten und nicht minder den schönen Mädchen ergeben weiß, halte ich es doch für gut, wenn man sich von derlei in der heißesten Jugendglut einmal dazwischen erholt und mehr des Herrn harrt als des Bacchus, sich auch mehr um die Eltern kümmert als um Singerei. Ich trage Dir deshalb auf, mir morgen, das ist Mittwoch, in Briva zu früher Stunde, was ich Dir gar nicht zutraue, über den Weg zu kommen und zwar nüchtern!

O

Antonios Longos an seine Mutter Neilus; 2. Jhdt. n. Chr.

Ἀντῶνις Λόγος Νειλοῦτι τῆ μητρὶ πλῖστα χαίρειν.
καὶ διὰ πάντων εὔχομαί σαι ὑγειαίνειν. τὸ προσκύνημά σου
ποιῶ κατ᾿ αἰκάστην ἡμαίραν παρὰ τῶ κυρίω Σεράπειδει.
Γεινώσκειν σαι θέλω, ὅτι οὐχ ἤλπιζον, ὅτι ἀναβένις εἰς τὴν
μητρόπολιν. χάρειν τοῦτο οὐδ᾿ ἐγὸ εἰσῆθα εἰς τὴν πόλιν.
αἰδυσοποίμην δὲ ἐλθεῖν εἰς Καρανίδα, ὅτι σαπρῶς παιρι-
πατῶ. Αἴγραφά σοι, ὅτι γυμνός εἰμει. Παρακαλῶ σαι,
μῆτηρ, διαλλάγητί μοι. Λοιπὸν οἶδα τί ποτ᾿ αἰμαυτῶ παρέ-
σχημαι. παιπαίδδευμαι καθ᾿ ὃν δὶ τρόπον. οἶδα ὅτι ἡμάρ-
τηκα. Ἤκουσα παρὰ τοῦ Ποστούμου τὸν εὑρόντα σαι ἐν
τῶ Ἀρσαινοείτῃ καὶ ἀκαιρίως πάντα σοι διήγηται. οὐκ
οἶδες, ὅτι θέλω πηρὸς γενέσται, εἰ γνοῦναι, ὅπως ἀνθρό-
πω ἔτι ὀφείλω ὀβολόν; ... σὺ αὐτὴ ἐλθέ ... παρακαλῶ
σαι ...
|: ... μητρεὶ ἀπ᾿ Ἀντωνίω Λόγγω υεἱοῦ :|

Serenilla an ihren Vater Sokrates; 2./3. Jhdt. n. Chr.

Σερηνίλλα Σωκράτῃ τῷ πατρὶ πλῖστα χαίρειν.
Πρὸ μὲν πάντων εὔχομαί σαι ὑγιαίνιν καὶ τὸ προσκύνημά
σου ποιῶ κατ᾿ ἑκάστην ἡμέραν παρὰ τῷ κυρίῳ Σαράπιδι
καὶ τοῖς συνέοις θεοῖς. Γεινώσκειν σε θέλω ὅτι μόνη ἰμὶ
ἐγώ. Ἐν νόῳ ἔχῃς, ὅτι, ἡ θυγάτηρ μου ἰς Ἀλεξάνδρειαν
ἔσσι· , ἵνα καὶ εἰδῶ ὅτι πατέρα ἔχω, εἷνα μὴ ἴδωσείν με ὡς
μὴ ἔχουσαν γονεῖς. Καὶ ὁ ἐνιγών σοι τὴν ἐπιστολήν, δὸς

102

62   Der „verlorene Sohn"

Antonis Longos an Neilus, seine Mutter, viele Grüße!
Und immerdar wünsche ich, daß Du gesund bist! Das Für-
bittgebet für Dich verrichte ich jeglichen Tag zum Herrn Sa-
rapis. Wissen lassen möchte ich Dich, daß ich nicht damit ge-
rechnet habe, daß Du hinauf in die Metropole [Arsinoë?]
gehst. Deswegen bin ich auch nicht hingekommen. Ich habe
mich jedoch geschämt [heim] nach Karanis zu kommen, weil
ich schäbig einhergehe. Ich teile Dir mit, daß ich nichts an-
zuziehen habe. Ich flehe Dich an, Mutter, versöhne Dich
wieder mit mir! Im übrigen weiß ich, was ich mir [alles] zu-
gezogen habe. Heimgesucht worden bin ich in jeder Hinsicht.
Ich weiß, ich habe gesündigt! Gehört habe ich von Postumos,
der Dich im Arsinoitischen traf, und er hat Dir, zur Unzeit,
alles erzählt. Weißt Du nicht, daß ich lieber ein Krüppel
werden möchte, als zu wissen, daß ich einem Menschen noch
einen Obolos schulde? ... komm' Du selbst! ... ich flehe
Dich an ...
|: An ... die Mutter. Von Antonis Longos, dem Sohn :|

63   Die Tochter in der fremden Großstadt

Serenilla ihrem Vater Sokrates viel Freude!
Vor allem wünsche ich Dir Gesundheit und bete jeglichen Tag
für Dich zum Herrn Sarapis und seinen Mitgöttern. Du
sollst wissen, daß ich allein bin. Bedenke: „meine Tochter ist
in Alexandrien", damit auch ich spüre, daß ich einen Vater
habe, damit die Leute nicht meinen, ich hätte keine Eltern.
Und der Dir den Brief überbringt, gib ihm wieder einen über

αὐτῷ ἄλλην περὶ τῆς ὑίας σου. Καὶ ἀσπάζομαι τὴν μητέρα μου καὶ τοὺς ἀδελφούς μου καὶ Σεμπρῶνιν καὶ τοὺς παρ' αὐτοῦ.

Der Knabe Theon an seinen auf der Reise in die Hauptstadt begriffenen Vater Theon; 2./3. Jhdt. n. Chr.

Θέων Θέωνι τῷ πατρὶ χαίρειν.

Καλῶς ἐποίησες. οὐκ ἀπένηχές με μετ' ἐσοῦ εἰς πόλιν. ἢ οὐ θέλις ἀπενέκκειν μετ' ἐσοῦ εἰς Ἀλεξανδρίαν, οὐ μὴ γράψω σε ἐπιστολὴν, οὔτε λαλῶ σε, οὔτε υἱγένω σε εἶτα. ἂν δὲ ἔλθῃς εἰς Ἀλεξανδρίαν, οὐ μὴ λάβω χεῖραν παρὰ σοῦ, οὔτε πάλι χαίρω σε λυπόν. ἂμ μὴ θέλης ἀπενέκαι με γείνετε. καὶ ἡ μήτηρ μου εἶτε Ἀρχελάω, ὅτι ἀναστατοῖ με. ἆρρον αὐτόν. καλῶς δὲ ἐποίησες. δῶρά μοι ἔπεμψες μεγάλα, ἀράκια. πεπλάνηκαν ἡμῶς ἐκεῖ τῇ ἡμέρα ιβ ὅτι ἔπλευσες. λυπὸν πέμψον εἰς με, παρακαλῶ σε. ἂμ μὴ πέμψῃς, οὐ μὴ φάγω, οὐ μὴ πείνω. ταῦτα.

Ἐρῶσθέ σε εὔχομαι. — Τῦβι ιη.

/: ἀπόδος Θέωνι ἀπὸ Θεωνᾶτος υἱῷ :/

Symmachus an seinen Vater; um 390 n. Chr.

Patri Symmachus.

In metu fuimus, ne vos imber inhiberet. sed verum illum est, quod poëta noster scriptum reliquit, iter durum vicisse pietatem. quare adventum vestri in diem placitum praestolamur. dii modo auctores sint, ut quae animo destinatis, nullis causationibus obstrepantur. vale.

Dein Befinden! Und lasse grüßen meine Mutter, meine Ge-
schwister, Sempronis und die Seinen.

Theon an seinen Vater Theon, Gruß!
Das hast Du ja fein gedreht: hast mich nicht in die Stadt mit-
gelassen! Wenn Du mich nicht gar nach Alexandria mit-
nimmst, dann schreib ich Dich keinen Brief mehr und spreche
nicht mit Dich und wünsche Dich nicht Gesundheit. Wenn Du
mich nicht gar nach Alexandria nachkommen läßt, gebe ich
Dich nie mehr die Hand und grüße Dich nie wieder. So
kommt's, wenn Du mich nicht mitnehmen willst. Mutter hat
selber zu Archelaos gesagt: „Er macht mich kaputt, schaff'
ihn fort!" Hast Dich ja fein benommen: Geschenke hast Du
mir geschickt, großartig: Schötchen! Beschwindelt haben sie
uns dort, am 12., als Du abgesegelt bist. Also, schick' nach
mir, bitte! Schickst Du nicht, eß ich nicht und trink ich
nicht. So!
Ich wünsche Dir Gesundheit. — Tybi 18 [= 13. Jan.].
|: Gibs ab an Theon von seinem Sohn Theonchen :|

Symmachus an seinen Vater.
In Sorge sind wir gewesen, der Regen möge Euch abhalten.
Aber es hat sich wieder das hinterlassene Wort unseres Dich-
ters bewährt: „Des Vaters Liebe überwand den rauhen Weg."
Wir erwarten also Eure Ankunft am ausgemachten Tag.
Möchten es die Götter fügen, daß Eure Entschlüsse durch
keine Zwischenfälle gestört werden. Lebe wohl!

P

Ἀπολλώνιος Πτολεμαίωι τῶι πατρὶ χαίρειν.

Ὀμνύο τὸν Σάραπιν, — ἰ μὴ μικρόν τι ἐντρέπομαι, οὐκ ἂν
με ἴδες τὸ πόρσωπόν μου πόποτε, — ὅτι ψευδῆι πάντα καὶ
οἱ παρὰ σὲ θεοὶ ὁμοίως, ὅτι ἐνβέβληκαν ὑμᾶς εἰς ὕλην μεγάλην καὶ οὗ δυνάμεθα ἀποθανεῖν, κἂν ἰδῇς, ὅτι μέλλομεν
σωθῆναι, τότε βαπτιζώμεθα. γίνωσκε, ὅτι πιράσεται ὁ δρα-
πέτης μὴ ἀφῖναι ἡμᾶς ἐπὶ τῶν τόπων ἶναι, χάριν γὰρ ἡμῶν
ἠζημίοται εἰς χαλκοῦ τάλαντα ιε̅. ὁ στρατηγὸς ἀναβαίνει
αὔριον εἰς τὸ Σαραπιῆν καὶ δύο ἡμέρας ποιεῖ ἐν τῶ Ἀνου-
βιείωι πινῶν. οὐκ ἔστι ἀνακύψαι με πόποτε ἐν τῇ Τριχο-
μίαι ὑπὸ τῆς αἰσχύνης, ἰ καὶ αὑτοὺς δεδώκαμεν καὶ ἀπο-
πεπτώκαμεν πλανόμενοι ὑπὸ τῶν θεῶν καὶ πιστεύοντες τὰ
ἐνύπνια. εὐτύχει.

/: πρὸς τοὺς τὴν ἀλήθεαν λέγοντες :/

/: Πτολεμαίωι χαίρειν :/

Quintus Marco fratri s.

De Tirone, mi Marce, ita te meumque Ciceronem et meam
Tulliolam tuumque filium videam, ut mihi gratissimum fecisti, cum eum indignum illa fortuna ac nobis amicum quam ser-
vum esse maluisti. mihi crede, tuis et illius litteris perlectis
exsilui gaudio et tibi et ago gratias et gratulor. si enim mihi
Stati fidelitas est tantae voluptati, quanti esse in isto haec

GESCHWISTER UND VERWANDTE

Apollonios seinem Vater Ptolemaios Freude!
Ich schwöre beim Sarapis — nähme ich nicht noch ein biß-
chen Rücksicht, Du hättest mich für immer gesehen —: alles
ist trügerisch und Deine Götter gleichfalls; denn sie haben
uns in ein großes Dickicht geworfen, worin wir wohl umkom-
men können. Und wenn Du meinst, wir seien der Rettung
nahe, dann werden wir erst recht untergetaucht. Wisse, daß
der Ausreißer versuchen wird, uns nicht am Ort zu lassen;
denn unsertwegen ist er mit 15 Kupfertalenten gestraft wor-
den. Der Stratege kommt morgen zum Sarapeum hinauf und
bringt zwei Tage im Anubistempel mit Fasten zu. Niemals
kann ich wieder in Trikomia auftauchen vor Schande, wenn
wir auch uns selbst hergegeben haben und zuschanden gewor-
den sind, irregeführt von den Göttern mit unserem Glauben
an die Träume. Sei glücklich!
/: Dem Ptolemaios Freude! An die Gemeinde der Wahrhaf-
tigen! :/

Quintus grüßt seinen Bruder Marcus.
Mit Tiros Freilassung hast Du mir, lieber Marcus, — so
wahr ich Dich, meinen Cicero und meine Tulliola und Dei-
nen Sohn wiedersehen möchte — den größten Gefallen ge-
tan, da Du ihn eines besseren Schicksals wert erachtest und
in ihm lieber unseren Freund als unseren Sklaven erblicken
willst. Glaube mir: als ich Deinen und seinen Brief gelesen

eadem bona debent additis libris et sermonibus, humniitate, quae sunt his ipsis commodis potiora! Amo te omnibus equidem de maximis causis, verum etiam propter hanc, vel quod mihi sic, ut debuisti, nuntiasti. te totum in litteris vidi. Sabini pueris et promisi omnia et faciam.

Ἀσκλῆς Σερήνῳ τῷ ἀδελφῷ χαίρειν.

Πρὸ μὲν παντὸς εὔχομαί σε ὑγιαίνειν καὶ τάχειον ἀπολαβεῖν. Ἐλοιπήθημεν λείαν ἐπὶ τῷ σε ἠμφοδηκέναι τῷ πλοίῳ. Καλῶς οὖν ποιήσεις δηλώσας μοι περὶ τῆς ὑγιείας σου. Ἐὰν τὰ μετέωρά σου ἁρπατίσῃς, τάχειον πρὸς ἡμᾶς ἐλθέ. Ἔρωσσο.

/: Σερήνῳ ἀδελφῷ Ἀσκλῆς :/

Σενπαμώνθης Παμώνθῃ τῷ ἀδελφῷ χαίρειν.

Ἔπεμψά σοι τὸ σῶμα Σενύριος τῆς μητρός μου κεκηδευμένος, ἔχων τάβλαν τατὰ τοῦ τραχήλου διὰ Γαλῆτος πατρὸς Ἱέρακος ἐν πλοίῳ ἰδίῳ, τοῦ ναύλου δοθέντος ὑπ᾽ ἐμοῦ πλήρης. Ἔστιν δὲ σημεῖον τῆς ταφῆς· σινδών ἐστιν ἐκτὸς ἔχων χρῆμα ῥόδινον. ἐπιγεγραμμένον ἐπὶ τῆς κοιλίας τὸ ὄνομα αὐτῆς. Ἐρρῶσθαί σε, ἄδελφε, εὔχομαι. — Ἔτους γ̅ Θὼθ ι̅α̅.

/: Παμώνθῃ Μώρωι παρὰ Σενπαμώνθου ἀδελφῆς :/

hatte, packte mich die Freude; ich danke Dir und beglück-
wünsche Dich! Wenn mir nämlich bereits die Treue des
Statius solche Freude macht, was müssen erst an Tiro diese
Vorzüge bedeuten, wenn man seine Bücher und Gespräche,
seine Bildung dazurechnet, die doch noch schwerer wiegen!
Ich hänge an Dir aus den bewegendsten Gründen und
deswegen vor allem; auch wegen der geziemenden Mitteilung. Im Briefe erstandest Du ganz vor mir. — Den Kindern des Sabinus habe ich alles angekündigt und halte mich
daran.

68   Gruß an den Bruder

Askles seinem Bruder Serenos Freude!
Vor allem wünsche ich, daß Du gesund bist und wir Dich bald
bei uns empfangen dürfen. Wir waren sehr traurig darüber,
daß Du das Schiff verpaßt hast. Sei also so gut und schreibe
über Dein Befinden! Wenn Du die Urkunden vollzogen hast,
dann komm schleunig zu uns! Lebe wohl!
/: An meinen Bruder Serenos! Askles :/

69   Versand einer Mumie

Senpamonthes ihrem Bruder Pamonthes Freude!
Ich habe an Dich den Leichnam meiner Mutter Senyris ab-
geschickt, einbalsamiert, mit einem Täfelchen um den Hals,
durch Gales, den Vater des Hierax, in seinem eigenen Schiffe;
die Fracht ist von mir bereits ganz beglichen. Das Zeichen
der Mumie ist: eine Leinwandhülle mit einem Rosenmuster
außen; auf dem Bauch steht der Name. Ich wünsche Dir Ge-
sundheit, mein Bruder. — Im Jahr 3, Thot 11.
/: An Pamonthes Moros von seiner Schwester Senpamonthes :/

Ἀπίων Διδύμῳ χαίρειν.

πάντα ὑπερθέμενος ἐξαυτῆς ἅμα τῷ λαβεῖν σε ταῦτά μου
τὰ γράμματα γενοῦ πρὸς ἐμὲ ἐπεὶ ἡ ἀδελφή σου νωθρεύ-
εται. καὶ τὸ κιτώνιον αὐτῆς τὸ λευκὸν τὸ παρὰ σοὶ ἔνιγκον
ἐρχόμενος τὸ δὲ καλλάϊνον μὴ ἐνίγκῃς, ἀλλὰ θέλις αὐτὸ
πωλῆσαι πώλησον, θέλις αὐτὸ ἀφεῖναι τῇ θυγατρί σου
ἄφες. ἀλλὰ μὴ ἀμελήσῃς τι αὐτῆς καὶ μὴ σκύλῃς τὴν
γυναῖκά σου ἢ τὰ παιδία, ἐρχόμενος δὲ ἔρχου ἰς Θεογε-
νίδα. ἐρρῶσθαί σε εὔχομαι.

Ruricius an seinen Enkel Parthenius und dessen Frau Papianilla;
um 500 n. Chr.

Ruricius episcopus dulcissimis nepotibus Parthenio et Pa-
pianillae.

Postquam pietas vestra discessit, dimidium esse me sentio
quia maximam mei partem, hoc est interiorem hominem, re-
sidente corpore, vobiscum ambulasse cognosco, ita tamen quod
et vos in pectore meo, quod hic remansit, manere conspicio.
saluto itaque dulcedinem vestram et, ut verborum meorum
memores sitis, admoneo, quia certum est, vos iuxta Salomonis
sententiam posse in bonis, deo dirigente proficere, si seniorum
consilia et amori habeantur et usui. opto bene agatis.

Apion grüßt Didymos.
Lass' alles liegen und stehen und komm sofort nach Empfang
dieses zu mir! Deine Schwester ist schlimm daran. Und ihr
weißes Kleid, das Du noch hast, bringe mit, wenn Du
kommst! Aber das türkisfarbene bringe gar nicht erst mit;
Du kannst es verkaufen, wenn Du willst; oder Deine Tochter
kann es auch brauchen, dann lasse es ihr! Aber vergiß sie
auf keinen Fall und rege Deine Frau nicht auf oder die
Kinder! Wenn Du kommst, fahre über Theogenis! Ich wün-
sche Dir Gesundheit!

Ruricius, der Bischof, an seine süßesten Enkelkinder Par-
thenius und Papianilla.
Seit Ihr Lieben von mir geschieden seid, fühle ich mich nur
als halben Menschen; denn ich spüre, daß der größte Teil
meiner selbst, der innere Mensch, mit Euch fortgegangen und
nur der Leib zurückgeblieben ist. Und doch noch in der Brust,
die mir hier verblieb, sehe ich Euch wohnen. Ich grüße daher
Eure Süßigkeit und mahne Euch, meiner Worte eingedenk zu
sein; denn sicherlich könnt Ihr nach dem Spruch Salomonis
im Guten mit Gottes Hilfe Fortschritte machen, wenn Ihr die
Ratschläge der [erfahrenen] älteren Leute liebt und aus-
führt. Ich wünsche, es möge Euch wohl ergehen!

Ω

Ἀφείγμεθα εἰς Λάμψακον ὑγιαίνοντες ἐγὼ καὶ Πυθοκλῆς καὶ Ἕρμαρχος καὶ Κτήσιππος, καὶ ἐκεῖ κατειλήφαμεν ὑγιαίνοντας Θεμίσταν καὶ τοὺς λοιποὺς φίλους. εὖ δὲ ποιεῖς καὶ σὺ εἰ ὑγιαίνεις καὶ ἡ μάμμη σου, καὶ πάπαι καὶ Μάτρωνι πάντα πείθηι, ὥσπερ καὶ ἔμπροσθεν. εὖ γὰρ ἴσθι, ἡ αἰτία, ὅτι καὶ ἐγὼ καὶ οἱ λοιποὶ πάντες σε μέγα φιλοῦμεν, ὅτι τούτοις πείθῃ πάντα . . .

Τὴν μακαρίαν ἄγοντες καὶ ἅμα τελευτῶντες ἡμέραν τοῦ βίου ἐγράφομεν ὑμῖν ταυτί. στραγγουρικά τε παρηκολούθει καὶ δυσεντερικὰ πάθη ὑπερβολὴν οὐκ ἀπολείποντα τοῦ ἐν ἑαυτοῖς μεγέθους. ἀντιπαρετάττετο δὲ πᾶσι τούτοις τὸ κατὰ ψυχὴν χαῖρον ἐπὶ τῇ τῶν γεγονότων ἡμῖν διαλαγισμῶν μνήμῃ. σὺ δὲ ἀξίως τῆς ἐκ μακαρίου παραστάσεως πρὸς ἐμὲ καὶ φιλοσοφίαν ἐπιμελοῦ τῶν παιδῶν Μητροδώρου.

M. Cicero s. d. Trebatio.

Legi tuas litteras, ex quibus intellexi te Caesari nostro valde iureconsultum videri. est quod gaudeas te in ista loca venisse, ubi aliquid sapere viderere. quod si in Britanniam quoque profectus esses, profecto nemo in illa tanta insula peritior te fuisset. verum tamen — rideamus licet; sum enim a te invitatus — subinvideo tibi ultro etiam accersitum ab eo, ad quem ceteri non propter superbiam eius, sed propter occupationem

*Wir sind gut in Lampsakos angekommen, ich, Pythokles,
Hermarchos und Ktesippos und haben hier Themistas und
die übrigen Freunde gesund angetroffen. Das ist schön, wenn
auch Du gesund bist und Deine Großmutter, und wenn Du
dem Großvater und dem Matron recht folgsam bist wie bisher. Denn schau, deshalb haben ich und die andern Dich so
lieb, weil Du Deinen Großeltern so schön folgst ...*

73   Abschied

*Den seligen Tag des Lebens begehend und zugleich vollendend
schreibe ich Euch das. Es traten Anfälle von Harnleiden und
Ruhr auf, so heftig, wie sie nur sein können; aber dem allen
hielt stand die tiefe Freude der Erinnerung an unsere Gespräche. Du aber, von Jugend auf mir und der Philosophie
zugetan, übernimm nun die Sorge für die Kinder des Metrodoros!*

74   Ein launiger Feldpostbrief

Marcus Cicero grüßt Trebatius.
*Ich habe Deinen Brief gelesen und aus ihm entnommen, daß
unser Caesar Dich für einen großen Juristen hält. Du kannst
Dich freuen, in Gegenden gekommen zu sein, wo Du Dein
Geisteslichtlein leuchten lassen kannst. Hättest Du auch die
Expedition nach Britannien mitgemacht, so müßte man wohl
sagen: auf dieser riesigen Insel hätte es keinen besseren Juri-
sten als Dich gegeben. Ich bin etwas neidisch — lachen muß*

adspirare non possunt. sed tu in ista epistula nihil mihi scripsisti de tuis rebus, quae mehercule mihi non minori curae sunt quam meae. valde metuo, ne frigeas in hibernis; quamobrem camino luculento utendum censeo — idem Mucio et Manilio placebat —, praesertim qui sagis non abundares. quamquam vos nunc istic satis calere audio; quo quidem nuntio valde mehercule de te timueram. sed tu in re militari multo es cautior quam in advocationibus, qui neque in Oceano natare volueris studiosissimus homo natandi neque spectare essedarios, quem antea ne andabata quidem defraudare poteramus.

Sed iam satis iocati sumus. ego de te ad Caesarem quam diligenter scripserim, tute scis; quam saepe, ego. sed mehercule iam intermiseram, ne viderer liberalissimi hominis meique amantissimi voluntati erga me diffidere; sed tamen iis litteris, quas proxime dedi, putavi esse hominem commonendum. id feci; quid profecerim, facias me velim certiorem et simul de toto statu tuo consiliisque omnibus. scire enim cupio, quid agas, quid exspectes, quam longum istum tuum discessum a nobis futurum putes. sic enim tibi persuadeas velim, unum mihi esse solacium, quare facilius possim pati et esse sine nobis, si tibi esse id emolumento sciam. sin autem id non est,

ich da doch; Du forderst dazu heraus — auf Dich, daß der Mann dich aus freien Stücken hat holen lassen, an den sich die anderen Leute nicht wegen seines Hochmuts, sondern wegen seiner vielen Geschäfte nicht heranmachen können. Aber Du hast mir in Deinem Briefe gar nichts von Deinem Tun und Treiben geschrieben, das mich wahrhaftig nicht minder interessiert als mein eigenes. Ich fürchte sehr, Du könntest in den Winterquartieren unter Frost zu leiden haben, deshalb meine ich, Du mußt Dir ein helles Kaminfeuer machen lassen — vergleiche Mucius und Manilius! — besonders da Du mit Militärmänteln nicht allzureich gesegnet bist. Gleichwohl höre ich, bei Euch ginge es jetzt heiß her. Und diese Nachricht hat mich freilich in Sorge um dich versetzt. Aber Du führst ja so einen Krieg noch vorsichtiger als einen Prozeß: sonst ein so begeisterter Schwimmer, hast Du Dich doch nicht dem Ozean anvertrauen wollen und hast dir den Anblick der [britannischen] Wagenkämpfer entgehen lassen, wo wir Dich doch früher nicht einmal um die Gladiatorenkämpfe bringen durften.

Aber nun genug des Scherzes! Wie angelegentlich ich über Dich an Caesar geschrieben habe, weißt Du sicher; wie oft, weiß ich. Aber freilich, ich hatte es eingestellt, wollte ich doch nicht den Eindruck erwecken, als ob ich der Gesinnung des edelmütigsten und mir teuersten Mannes mißtraute. Und doch glaubte ich, in meinem jüngsten Briefe ihn mahnen zu müssen. Ich tat es; was ich damit ausgerichtet habe, möchtest Du mir, bitte, mitteilen und zugleich über dein Befinden und deine ganzen Pläne. Ich möchte nämlich wissen, was Du treibst, was Du erwartest, wie lange Deine Trennung von uns nach Deiner Meinung dauern könnte. Mögest Du davon über-

nihil duobus nobis est stultius: me, qui te non Roman attra-
ham, te, qui non huc advoles; una mehercule nostra vel se-
vera vel iocosa congressio pluris erit quam non modo hostes,
sed etim fratres nostri Haedui. quare omnibus de rebus fac
ut quam primum sciam.

„aut consolando aut consilio aut re iuvero.“

Cicero Attico Sal.

Plane deest, quod ad te scribam; nota omnia tibi sunt; nec
ipse habeo, a te quod spectem. tantum igitur nostrum illud
sollemne servemus, ut ne quem istuc euntem sine litteris di-
mittamus. de re publica valde timeo nec adhuc fere inveni,
qui non concedendum putaret Caesari, quod postularet, po-
tius quam depugnandum; est illa quidem impudens postu-
latio, sed is qui postulat opinione valentior. Cur autem nunc
primum ei resistamus?

Οὐ γὰρ δὴ τόδε μεῖζον ἔπι κακόν, quam cum quinquen-
nium prorogabamus, aut cum, ut absentis ratio haberetur, fe-
rebamus, nisi forte haec illi tum arma dedimus, ut nunc
cum bene parato pugnaremus. dices: ,quid tu igitur sensurus
es?‘ non idem, quod dicturus; sentiam enim omnia facienda,
ne armis decertetur, dicam idem quod Pompeius neque id
faciam humili animo. sed rursus hoc permagnum rei publi-
cae malum est, et quodammodo mihi praeter ceteros non rec-
tum me in tantis rebus a Pompeio dissidere.

zeugt sein: es ist mein einziger Trost, der mich Deine Abwesenheit leichter ertragen hilft, wenn ich weiß, es ist gut für
Dich. Andernfalls gibt es nichts Dümmeres als uns zwei: ich,
weil ich Dich nicht nach Rom ziehe; Du, weil Du nicht im
Fluge herbeieilst. Beim Herkules: eine einzige Zusammen-
kunft zwischen uns, im Scherz oder Ernst, wäre wichtiger
nicht nur als unsere Feinde, sondern auch als unsere Bundes-
brüder, die Häduer. Schreibe mir deshalb bald recht aus-
führlich über Dich!
„Mit Trost, mit Rat, mit Geld bin ich zur Hand!“

75   Meinungsaustausch über Politik vor dem Bürgerkrieg

Cicero grüßt Atticus.
Gar nichts gibt es, was ich Dir schreiben könnte! Du weißt
alles bereits und ich habe nichts auf dem Herzen, was Dich
besonders anginge. Nur unsern schönen Brauch wollen wir
aufrechthalten: niemand dorthin ziehen lassen, ohne ihm
einen Brief mitzugeben. — Um den Staat habe ich die größten Befürchtungen; bis jetzt habe ich fast noch niemand ge-
troffen, der nicht Caesars Anspruch auf die Macht eher erfüllt als abgeschlagen hätte. Seine Forderung ist wohl unver-
schämt, aber der Fordernde ist stärker als man meint. Wes-
halb soll ich ihm aber jetzt erst entgegenarbeiten? „Nicht
doch droht nun ein größeres Unheil“, als damals bei der Verlängerung seiner fünfjährigen Amtszeit oder als wir es dul-
deten, daß auf den Abwesenden Rücksicht genommen wurde,
wenn nicht gar ihm die Waffen geliefert wurden, so daß wir
es jetzt mit einem Gegner in voller Rüstung zu tun haben?
Du fragst: „Wie wirst Du die Dinge betrachten?“ Anders,
als ich sagen werde! Ich bin nämlich dafür, alles zu tun, daß

M. Cicero Papirio Paeto s. p. d.

Heri veni in Cumanum, cras ad te fortasse. sed cum certum sciam, faciam te paulo ante certiorem. etsi Marcus Ceparius, cum mihi in silva Gallinaria obviam venisset quaesissemque, quid ageres, dixit te in lecto esse, quod ex pedibus laborares. tuli scilicet moleste, ut debui, sed tamen constitui ad te venire, ut te viderem te et viserem et coenarem etiam. non enim arbitror cocum etiam te arthricum habere. exspecta igitur hospitem cum minime edacem, tum inimicum coenis sumptuosis. vale.

Ad Maximilianum.

Si bene in te animum meum nosti, dubitare non potes, adversam valetudinem corporis mei missitandis hucusque litteris obstitisse. hac parte purgatus salutatricem tibi paginam reddo, quae testabitur, esse me sospitem, postquam sanitas silentii excusationem removit.

118

die Entscheidung nicht mit den Waffen ausgetragen wird;
sagen werde ich das gleiche wie Pompejus und zwar unverzagt.
Aber wiederum ist das für den Staat ein großes Übel und
irgendwie ist es mir vor allen andern unbehaglich, in diesen
wichtigen Punkten anderer Anschauung zu sein als Pompejus.

M. Cicero an Papirius Paetus, recht viele Grüße!
Gestern kam ich auf mein Landgut bei Cumae, morgen zu
Dir vielleicht; wenn ich es erst gewiß weiß, benachrichtige
ich Dich ein bißchen vorher. Marcus Ceparius ist mir im
Gallinarischen Wald in die Hände gelaufen und hat mir auf
meine Erkundigung erzählt, Du lägest im Bett und habest
Fußschmerzen. Das habe ich natürlich bedauert, wie sich's
gehört, und doch gleich beschlossen, zu Dir zu kommen, auf
ein kurzes Wiedersehen, einen Besuch und ein gutes Essen
obendrein. Denn hoffentlich hat Dein Koch nicht auch Zip-
perlein und Gicht. Du hast also in mir einen Gast zu erwar-
ten, der ja gar nicht verfressen und besonders gegen kostspie-
lige Tafelfreuden eingenommen ist. Alles Gute!

An Maximilianus.
Wenn Du meine Gesinnung gegen Dich richtig kennst, kannst
Du nicht zweifeln, daß dem Austausch unserer Briefe bisher
nur meine Leibesschwäche im Wege stand. Davon wieder er-
löst, schicke ich Dir diesen Kartengruß, der Dir künden soll,
daß ich wohlauf bin und somit keine Entschuldigung mehr
für mein Schweigen habe.

Sidonius Florentino suo salutem.

Et moras nostras et silentium accusas, utrumque purgabile est; namque et venimus et scribimus. vale.

Sidonius Felici suo salutem.

Gozolas natione Iudaeus, cliens culminis tui, cuius mihi quoque esset persona cordi, si non esset secta despectui, defert litteras meas, quas granditer anxius exaravi. oppidum siquidem nostrum quasi quandam sui limitis obicem circumfusarum nobis gentium arma terrificant. sic aemulorum sibi in medio positi lacrimabilis praeda populorum, suspecti Burgundionibus, proximi Gothis, nec impugnantum ira nec propugnantum caremus invidia. sed istinc alias. interea, si vel penes vos recta sunt, bene est. neque enim huiusmodi pectore sumus, ut, licet apertis ipsi poenis propter criminum occulta plectamur, non agi prospere vel ubicumque velimus. nam certum est non minus vitiorum quam hostium esse captivum, qui non etiam inter mala tempora bona vota servaverit. vale.

Sidonius grüßt seinen Florentinus.
Über mein Ausbleiben und mein Schweigen beschwerst Du
Dich. Dem kann ich leicht abhelfen: ich komme und schreibe.
Lebe wohl!

Sidonius grüßt seinen Felix.
Der Jude Gozolas, ein Schützling Deiner Erhabenheit —
es läge mir etwas an ihm, zählte er nicht zu dieser ver-
achteten Sekte — überbringt Dir meinen Brief, den ich in
größter Bedrängnis hingeworfen habe. Unsere arme Stadt
zittert vor den Waffen der Völkerhorden, die sie auf ihrem
Zug wie einen Damm umbranden. Wir liegen da als ihre eifer-
süchtig umworbene jämmerliche Beute, beargwöhnt von den
Burgundern, in Reichweite der Goten, dem Zorn der An-
greifer, und der Gehässigkeit der Verteidiger gleichermaßen
ausgeliefert. Aber darüber ein andermal! Indessen, wenn bei
Euch alles gut steht, ist es recht. Denn wir sind ja nicht so
eingestellt, daß wir gleich alle Welt in Unglück verstrickt
sehen wollen, wenn wir selber wegen vielleicht unbewußter
Frevel so sichtbarlich heimgesucht werden. Eine Beute der
Laster nicht weniger als der Feinde ist doch der Mensch, der
seine guten Wünsche nicht auch in schlechte Zeiten hinüber-
retten kann. Lebe wohl!

A   N   H   A   N   G:

Aus der „Redeschule", angeblich von Demetrios von Phaleron,
in Wahrheit wohl von einem Sophisten um 100 v. Chr.

1 (223) 'Επεὶ δὲ ἐπιστολικὸς χαρακτὴρ δεῖται ἰσχνότητος, καὶ
περὶ αὐτοῦ λέξομεν. Ἀρτέμων μὲν οὖν ὁ τὰς Ἀριστοτέλους ἀναγράψας ἐπιστολάς φησιν ὅτι δεῖ ἐν τῷ αὐτῷ
τρόπῳ διάλογόν τε γράφειν καὶ ἐπιστολάς· εἶναι γὰρ τὴν
ἐπιστολὴν οἷον τὸ ἕτερον μέρος τοῦ διαλόγου.

2 (224) Καὶ λέγει μέν τι ἴσως, οὐ μὴν ἅπαν· δεῖ γὰρ ὑποκατε-
σκευάσθαι πως μᾶλλον τοῦ διαλόγου τὴν ἐπιστολήν. ὁ
μὲν γὰρ μιμεῖται αὐτοσχεδιάζοντα, ἡ δὲ γράφεται καὶ
δῶρον πέμπεται τρόπον τινά.

3 (225) Τίς γοῦν οὕτως ἂν διαλεχθείη πρὸς φίλον, ὥσπερ ὁ
Ἀριστοτέλες πρὸς Ἀντίπατρον ὑπὲρ τοῦ φυγάδος γρά-
φων τοῦ γέροντός φησιν. ,εἰ δὲ πρὸς ἁπάσας οἴχεται
γᾶς φυγὰς οὗτος ὥστε μὴ κατάγειν, δῆλον ὡς τοῖς γε
εἰς "Αιδου κατελθεῖν βουλομένοις οὐδεὶς φθόνος'. ὁ γὰρ
οὕτω διαλεγόμενος ἐπιδεικνυμένῳ ἔοικε μᾶλλον, οὐ λαλοῦντι.

4 (226) Καὶ λύσεις συχναὶ οὐ πρέπουσιν ἐπιστολαῖς· ἀσαφὲς
γὰρ ἐν γραφῇ ἡ λύσις, καὶ τὸ μιμητικὸν οὐ γραφῆς
οὕτως οἰκεῖον ὡς ἀγῶνος. οἷον ὡς ἐν τῷ Εὐθυδήμῳ·
,τίς ἦν, ὦ Σώκρατες, ᾧ χθὲς ἐν Λυκείῳ διελέγου; ἡ
πολὺς ὑμᾶς ὄχλος περιεστήκει'. καὶ μικρὸν προελθὼν
ἐπιφέρει· ,ἀλλά μοι ξένος τις φαίνεται εἶναι, ᾧ διελέγου. τίς ἦν;' ἡ γὰρ τοιαύτη πᾶσα ἑρμηνεία καὶ μίμη-
σις ὑποκριτῇ πρέπει μᾶλλον, οὐ γραφομέναις ἐπιστο-
λαῖς.

B R I E F L E H R E

I. Über das Briefschreiben

Da der Reiz eines Briefes in seiner wesentlichen Kürze liegt, wollen
wir auch darüber etwas sagen. Artemon, der Herausgeber der Briefe
des Aristoteles zwar meint, man müsse im gleichen Stil Dialoge sowohl
wie Briefe schreiben; der Brief sei nämlich ein halbiertes Zwiegespräch.

Darin steckt ein richtiger Kern, aber es trifft doch nicht ganz; ein
Brief muß nämlich schon ein wenig sorgfältiger ausgefeilt sein als ein
Zwiegespräch. Denn damit wird eine Unterhaltung aus dem Stegreif
vorgetäuscht, ein Brief hingegen wird schriftlich festgelegt und wie ein
bleibendes Geschenk verschickt.

Wer käme denn darauf, mit seinem Freunde so zu reden, wie Aristoteles an den Antipater über einen hochbetagten Emigranten schreibt:
,,Wenn nun dieser Flüchtling, durch alle Kontinente gehetzt, den Hei-
matboden auch nicht mehr betreten kann, so bleibt doch wahr, daß
denen, die hinfahren ins Schattenreich, nicht folgen kann der Haß
der Erde.'' Wer so redet, will anscheinend seine Kunst zeigen, aber
nicht den leichten Plauderton anschlagen.

Auch häufige Unterbrechungen durch Frage und Antwort taugen nicht
für Briefe. Sinnlos ist eine derartige Unterbrechung, wie überhaupt
die Nachäfferei, die darin liegt, gar nicht in der Schrift, sondern im
Streitgespräch daheim ist. Vergleiche Euthydem: ,,Wer war denn das,
o Sokrates, mit dem Du Dich gestern im Lykeion unterhieltest? Es
stand ja eine ganze Menge von Zuhörern um euch.'' Und gleich darauf: ,,Wahrlich, er kam mir fremd vor, Dein Gesprächspartner; wer
war es denn?'' Dieser ganze Stil und dieses ganze Theater steht einem
Komödianten besser als einem Briefschreiber.

5 *(227)* Πλεῖστον δ' ἐχέτω τὸ ἠθικὸν ἡ ἐπιστολή, ὥσπερ καὶ
ὁ διάλογος· σχεδὸν εἰκόνα ἕκαστος τῆς ἑαυτοῦ ψυχῆς
γράφει τὴν ἐπιστολήν. καὶ ἔστι μὲν καὶ ἐξ ἄλλου λόγου
παντὸς ἰδεῖν τὸ ἦθος τοῦ γράφοντος, ἐξ οὐδενὸς δὲ οὕτως
ὡς ἐπιστολῆς.

6 *(228)* Τὸ δὲ μέγεθος συνεστάλθω τῆς ἐπιστολῆς, ὥσπερ καὶ
ἡ λέξις· αἱ γὰρ ἄγαν μακραὶ καὶ προσέτι κατὰ τὴν ἑρμηνείαν ὀγκωδέστεραι οὐ μὰ τὴν ἀλήθειαν ἐπιστολαὶ λέ-
γοιντο ἄν, ἀλλὰ συγγράμματα τὸ χαίρειν ἔχοντα προσ-
γεγραμμένον, καθάπερ αἱ τοῦ Πλάτωνος πολλαὶ καὶ ἡ
Θουκυδίδο υ.

7 *(229)* Καὶ τῇ συντάξει μέντοι λελύσθω μᾶλλον· γελοῖον γὰρ
περιοδεύειν ὥσπερ οὐκ ἐπιστολὴν ἀλλὰ δίκην γράφοντα.
καὶ οὐδὲ γελοῖον μόνον, ἀλλ' οὐδὲ φιλικόν. τὸ γὰρ δὴ
κατὰ τὴν παροιμίαν, τὰ σῦκα σῦκα᾿ λεγόμενον, ἐπιστο-
λαῖς ταῦτα ἐπιτηδεύειν.

8 *(230)* Εἰδέναι δὲ χρὴ ὅτι οὐχ ἑρμηνεία μόνον ἀλλὰ καὶ πράγ-
ματά τινα ἐπιστολικά ἐστιν. Ἀριστοτέλους γοῦν ὡς
μάλιστα ἐπιτετευχέναι δοκεῖ τοῦ τύπου ἐπιστολικοῦ.
,τοῦτο δὲ οὐ γράφω σοί᾿ φησιν ,οὐ γὰρ ἦν ἐπιστολικόν᾿.

9 *(231)* Εἰ γάρ τις ἐν ἐπιστολῇ σοφίσματα γράφει καὶ φυσιο-
λογίας, γράφει μέν, οὐ μὴν ἐπιστολὴν γράφει· φιλοφρό-
νησις γάρ τις βούλεται εἶναι ἡ ἐπιστολὴ σύντομος καὶ
περὶ ἁπλοῦ πράγματος ἔκθεσις καὶ ἐν ὀνόμασιν ἁπλοῖς.

10 *(232)* Κάλλος μέντοι αὐτῆς αἵ τε φιλικαὶ φιλοφρονήσεις καὶ
πυκναὶ παροιμίαι ἐνοῦσαι· καὶ τοῦτο γὰρ μόνον ἐνέστω
αὐτῇ σοφόν, διότι δημοτικόν τί ἐστιν ἡ παροιμία καὶ
κοινόν· ὁ δὲ γνωμολογῶν καὶ προτρεπόμενος οὐ δι᾿ ἐπιστολῆς ἔτι λαλοῦντι ἔοικεν, ἀλλὰ μηχανῆς.

124

Charakter muß ein Brief vor allem haben, wie ein Zwiegespräch. Man kann sagen, daß jeder in seinen Briefen sein eigenes Bildnis zeichnet. Zwar verraten auch andere schriftliche Äußerungen das Seelenbild ihrer Verfasser, keine aber so deutlich wie der Brief.

Der Umfang eines Briefes gehört auf ein vernünftiges Ausmaß beschränkt. Denn überlange und zugleich in aufgeblasenem Stil geschriebene Briefe kann man in Wahrheit gar nicht als solche bezeichnen, sondern als dickleibige Wälzer, die lediglich den sonst bei Briefen üblichen Gruß auf dem Titelblatt tragen; vergleiche so manchen Brief Platons und die des Thukydides.

Auch der Satzbau muß aufgelockert sein. Es wäre lächerlich, in einem Brief Schachtelsätze anzubringen, was bei einem juristischen Schriftsatz hingehen mag; aber nicht nur lächerlich, sondern auch befremdend. Wie das Sprichwort sagt: „Das Kind beim Namen nennen“, das empfiehlt sich für den Briefschreiber.

Dabei muß man wissen, daß nicht nur der Stil, sondern auch der Inhalt briefmäßig sein soll. Aristoteles scheint das feinste Gefühl für die Eigenart eines Briefes gehabt zu haben. „Das schreibe ich Dir aber nicht,“ sagt er, „denn es wäre nicht briefgerecht.“

Wenn sich aber jemand in seinen Briefen in logische und philosophische Erörterungen verliert, der schreibt eher alles andere als Briefe. Ein kleiner Beweis freundlicher Gesinnung will der Brief sein, eine Ausführung über einen einfachen Gegenstand und mit schlichten Worten.

Hübsch machen sich in einem Brief verbindliche Liebenswürdigkeiten und eingestreute Sprichwörter; gerade sie sollen die einzige Weisheit des Briefes ausmachen wegen ihrer Volkstümlichkeit und allgemeinen Verständlichkeit. Wer aber nur in Zitaten spricht und sich darin austobt, der liefert keinen Brief, sondern eine Zitiermaschine.

11 (233) Ἀριστοτέλης μέντοι καὶ ἐπιδείξεσί που χρῆται ἐπιστο-
λικαῖς. οἷον διδάξαι βουλόμενος ὅτι ὁμοίως χρὴ εὐερ-
γετεῖν τὰς μεγάλας πόλεις καὶ τὰς μικράς, φησὶν ,οἱ γὰρ
θεοὶ ἐν ἀμφοτέραις ἴσοι, ὥστ' ἐπεὶ αἱ Χάριτες θεαί,
ἴσαι ἀποκείσονταί σοι παρ' ἀμφοτέραις'. καὶ γὰρ τὸ
ἀποδεικνύμενον αὐτὸ ἐπιστολικὸν καὶ ἡ ἀπόδειξις τοιαύτη.

12 (234) Ἐπεὶ δὲ καὶ πόλεσί ποτε καὶ βασιλεῦσι γράφομεν,
ἔστωσαν αἱ τοιαῦται ἐπιστολαὶ μικρὸν ἐξηρμέναι πως·
στοχαστέον γὰρ καὶ τοῦ προσώπου ᾧ γράφεται· ἐξηρ-
μένη μέντοι καὶ οὐχ ὥστε σύγγραμμα εἶναι ἀντ' ἐπιστολῆς, ὥσπερ αἱ Ἀριστοτέλους πρὸς Ἀλέξανδρον καὶ
πρὸς τοὺς Δίωνος οἰκείους ἡ Πλάτωνος.

13 (235) Καθόλου δὲ μεμίχθω ἡ ἐπιστολὴ κατὰ τὴν ἑρμηνείαν
ἐκ δυοῖν χαρακτήροιν τούτοιν, τοῦ τε χαρίεντος καὶ τοῦ
ἰσχνοῦ.

*In den beiden letzten Abschnitten seiner „Redekunst" behandelt
C. Julius Victor Gespräch und Brief; 4. Jhdt. n. Chr.*

XXVI. De Sermocinatione.

*Sermocinandi ratio non in postremis habenda est; et quidem sermonis
usus multo frequentior quam orationis est. Igitur sermonis est virtus
elegantia sine ostentatione. Verba sint lecta, honesta magis quam so-
nantia, paucae translationes neque eae alte petitae, modica antiquitas,
sine figuris insignibus, sine structura leniore, sine periodo, sine enthy-
memate: denique omnes rhetoricas palaestras missas feceris, quae ut
addunt orationi auctoritatem, sic detrahunt sermoni fidem. Attamen
habebit sermo lucem suam, ut sit simplex et aequalis et ante omnia
carens obscuritate ...*

*Aristoteles versteht es sogar, in briefgerechtem Ton Beweise zu führen;
z. B. um zu beweisen, daß man wie die großen Gemeinwesen auch die
kleinen mit Wohltaten bedenken müsse, sagt er: „Über beiden walten
doch die gleichen Götter; und wenn schon die Huldgöttinnen Göttinnen
sind, dann müssen sie auch bei jenen Einkehr halten dürfen." Hier ist
das Beweisthema und die Beweisführung dem Briefton angepaßt.*

*Wenn wir hingegen einmal an Behörden und Majestäten schreiben,
dann allerdings müssen derartige Briefe ein wenig gehobener sein. Man
muß sich eben immer auf den Empfänger einstellen. Ein wenig gehobener, sage ich; nicht daß sich Briefe zu richtigen Büchern aus-
wachsen, wie etwa die des Aristoteles an Alexander oder der des Pla-
ton an die Freunde des Dion.*

*Überhaupt: was die ganze Haltung anlangt, so müssen sich in einem
Briefe die beiden Elemente zusammenfinden: Anmut und wesenhafte
Knappheit.*

II. Über Gespräch und Brief

Über Gespräche.

*Die richtige Art und Weise der Unterhaltung kann ich nicht unbe-
sprochen lassen; kommt man doch viel häufiger in die Lage, ein Gespräch führen als eine Rede halten zu müssen. Eines Gespräches Reiz
also liegt in der unaufdringlichen Gepflegtheit. Die Worte seien ge-
wählt, eher bedeutend als lärmend, nur weniges in übertragenem Sinne
und auch das nicht weit hergeholt, Altertümelei mit Maß, ohne her-
vorstechende Bilder, ohne schleppenden Satzbau, ohne Schachtelei,
ohne rhetorische Mätzchen; kurz: vergiß Deine ganze rednerische
Routine und Glätte, die zwar einen Vortrag eindrucksvoll gestalten,
einem Gespräch aber den Reiz der Echtheit rauben! Trotzdem muß
das Gespräch seinen eigenen Glanz haben, indem es schlicht und eben-
mäßig und vor allem ohne Dunkelheit dahinfließt ...*

XXVII. De Epistolis.

Epistolis conveniunt multa eorum, quae de sermone praecepta sunt. Epistolarum species duplex est; sunt enim aut negotiales aut familiares. Negotiales sunt argumento negotioso et gravi. In hoc genere et sententiarum pondera et verborum lumina et figurarum insignia conpendii opera requiruntur atque omnia denique oratoria praecepta, una modo exceptione, ut aliquid de summis copiis detrahamus et orationem proprius sermo explicet. Si quid historicum epistola conprehenderis, declinari oportet a plena formula historiae, ne recedat ab epistolae gratia. Si quid etiam eruditius scribas, sic disputa, ut ne modum epistolae corrumpas.

In familiaribus litteris primo brevitas observanda: ipsarum quoque sententiarum ne diu circumferatur, quod Cato ait, ambitio, sed ita recidantur, ut numquam verbi aliquid deesse videatur: unum 'te' scilicet, quod intellegentia suppleatur, in epistolis Tullianis ad Atticum et Axium frequentissimum est.

Lucem vero epistolis praefulgere oportet, nisi cum [consulto] consilio clandestinae litterae fiant, quae tamen ita ceteris occultae esse debent, ut his, ad quos mittuntur, clarae perspicuaeque sint. Solent etiam notas inter se secretiores pacisci, quod et Caesar et Augustus et Cicero et alii plerique fecerunt. Ceterum cum abscondito nihil opus est, cavenda obscuritas magis quam in oratione aut in sermocinando: potes enim parum plane loquentem rogare, ut id planius dicat, quod in absentium epistolis non datur. Et ideo nec historia occultior addenda nec proverbium ignotius aut verbum cariosius aut figura putidior: neque dum amputatae brevitati studes dimidiatae sententiae sit intelligentia requirenda, nec dilatione verborum et anxio struendi labore lux obruenda. Epistula, si superiori scribas, ne iocularis sit; si pari, ne inhumana; si inferiori, ne superba; neque docto incuriose, neque indocto indiligenter, nec coniunctissimo translatitie, nec minus familiari non amice.

128

Über Briefe.

Auf Briefe sind die meisten Lehren der Gesprächskunst anzuwenden. Es gibt zweierlei Arten: amtliche und freundschaftliche. Amtliche Briefe betreffen wichtige geschäftliche Gegenstände; hier sucht man die Wucht der Kernsprüche, das Leuchten des Ausdrucks, die Kunst knapper Bilder, überhaupt Beachtung aller Regeln der Redekunst, mit einer einzigen Ausnahme: die Fülle des Ausdrucks bedarf hier leichter Beschränkung und das Rednerische muß ins Persönliche übertragen werden. — Willst Du eine historische Begebenheit in Deinen Brief aufnehmen, mußt Du den geschichtlichen Stil etwas abbiegen, daß nicht die Liebenswürdigkeit des Briefes leidet. Schreibst Du über gelehrte Fragen, dann behandle sie so, daß die Eigenart des Briefes nicht verlorengeht. —

In freundschaftlichen Briefen ist vor allem auf Kürze zu sehen; der „Ehrgeiz der Sätze" — das Wort ist von Cato — darf sich nicht allzu breit machen, aber sie dürfen andererseits auch nur soweit beschnitten werden, daß nicht der Eindruck einer Auslassung entsteht (ein „Dich" z. B., das der vernünftige Leser ohne weiteres ergänzen kann, ist in den Briefen Ciceros an Atticus und Axius sehr häufig vertreten).

Klarheit muß aus den Briefen hervorleuchten, wenn es nicht mit Absicht Geheimbriefe werden sollen (die freilich für Unberufene so unverständlich sein müssen, daß sie den Empfängern, für die sie bestimmt sind, klar und verständlich seien). Auch die Verabredung von Geheimzeichen kommt vor, so bei Caesar, Augustus, Cicero und vielen anderen. Wenn aber im übrigen kein Anlaß zu Heimlichkeit besteht, ist in Briefen Unklarheit gefährlicher als in Vorträgen oder Gesprächen; wer sich nämlich im Gespräch unklar ausdrückt, den kann man bitten, daß er sich ausführlicher wiederholt; das ist bei Briefen zwischen Abwesenden natürlich nicht möglich. Deshalb fort mit unklaren Histörchen, unbekannteren Sprichwörtern, veralteten Ausdrücken, gesuchten Redefiguren! Bei allem Bestreben nach knappem Zuschnitt und Kürze, soll man nicht erst nach dem Sinn eines verstümmelten Sinnspruches suchen müssen; keine Umstellung der Wörter, keine unruhige Künstelei darf die Helligkeit verschatten. — Ein Brief an einen Höhergestellten sei nicht scherzhaft, an Deinesgleichen nicht ungebildet, an

Rem secundam prolixius gratulare, ut illius gaudium extollas: cum offendas dolentem, pauculis consolare, quod ulcus etiam, cum plana manu tangitur, cruentatur. Ita in litteris cum familiaribus ludes, ut tamen cogites posse evenire, ut eas litteras legant tempore tristiore. Iurgari numquam oportet, sed epistolae minime.

Praefationes ac subscriptiones litterarum computandae sunt pro discrimine amicitiae aut dignitatis, habita ratione consuetudinis. Rescribere sic oportet, ut litterae, quibus respondes, prae manu sint, ne quid, cui responsio opus sit, de memoria effluat. Observabant veteres carissimis sua manu scribere vel plurimum subscribere. Commendatitias fideliter dato aut ne dato. Id fiet, si amicissime dabis ad amicissimum, et si probabile petes et si impetrabile. Graece aliquid addere litteris suave est, si id neque intempestive neque crebro facias: et proverbio uti non ignoto percommodum est, et versiculo aut parte versus. Lepidum est nonnunquam quasi praesentem alloqui, uti ʿheus tuʾ et ʿquid aisʾ et ʿvideo te deridereʾ: quod genus apud M. Tullium multa sunt. Sed haec, ut dixi in familiaribus litteris; nam illarum aliarum severitas maior est.

In summa id memento et ad epistolas et ad omnem scriptionem: bene loqui.

Untergebene nicht anmaßend; schreibe an einen Gelehrten nicht uninteressiert, an einen Ungelehrten nicht nachlässig, an einen Vertrauten nicht konventionell, an einen Fernerstehenden nicht unliebenswürdig. — Zu einem freudigen Ereignisse übermittle aufmerksam Deine Glückwünsche, um die Freude des Empfängers zu steigern; weißt Du jemand betrübt, tröste ihn unaufdringlich; denn ein Geschwür bricht wieder auf, wenn man es auch nur mit flacher Hand berührt. Wenn Du in Briefen an gute Bekannte scherzest, denke daran, daß sie möglicherweise den Brief unter traurigen Verhältnissen lesen müssen. — Sich herumzanken ist niemals schön, am wenigsten in einem Brief. — Die Eingangs- und Schlußformeln der Briefe sind nach der persönlichen Verbundenheit und dem Rang abzustufen unter Rücksicht auf den herrschenden Brauch. — Briefe beantwortet man so, daß man dabei den veranlassenden Brief vor Augen hat, um nichts zu übersehen. — Die Alten hielten darauf, an Menschen ihres engsten Kreises eigenhändig zu schreiben oder doch zu unterschreiben. — Empfehlungsbriefe sollen ehrlich sein oder überhaupt ungeschrieben bleiben. Sie sind also nur zwischen ganz vertrauten Menschen am Platz und in billigenswerten und erfüllbaren Anliegen. — Etwas Griechisch in den Brief einfließen zu lassen, ist nicht übel, aber nur am rechten Ort und nicht im Übermaß. Auch die Verwendung eines hinreichend bekannten Sprichwortes ist empfehlenswert, oder einer Verszeile oder auch nur eines Teiles davon. — Es macht sich gut, gelegentlich den Empfänger anzureden, als ob er selber da wäre, z. B. ,,Na, warte nur!'' oder ,,Was sagst Du jetzt?'' oder ,,Da sehe ich Dich lächeln!'' usw., wofür es bei Cicero viele Beispiele gibt. Aber das, wie gesagt, nur in Briefen an gute Bekannte; denn der Ernst der sonstigen Briefe verträgt so etwas nicht.
Überhaupt aber vergiß nicht: Briefe und jede sonstige schriftliche Äußerung haben eine Voraussetzung: Sprachkultur.

A N M E R K U N G E N

Die vorliegende Sammlung antiker Briefe umspannt das ganze Jahrtausend um Christi Geburt, vom Beginn der großen Zeit griechischen Geistes bis zum Erstarren und Sterben der Antike. Zeugnisse antiken Menschentumes, Beispiele für die Gestaltung zwischenmenschlicher Beziehungen sollten sich hier darbieten; so mußten die echten unliterarischen Briefe den Vorzug erhalten, die uns der griechische Osten in seinen Papyrusfunden vermittelt; den römischen Westen freilich beherrscht infolge ungünstiger Überlieferungsverhältnisse der für die Veröffentlichung geschriebene oder wenigstens überarbeitete Brief, die Epistel. Von den unbefangenen Äußerungen einfacher Leute bis zu der Gespreiztheit der späten Rhetoren reiht sich Brief an Brief, ausgeschlossen blieb der Versbrief, der rein amtliche oder juristische Brief und besonders auch die briefliche Einkleidung moralischer oder philosophischer Erörterungen (Seneca u. dgl.).

Daß eine derartige Sammlung kein Musterbuch für Stil und Grammatik sein kann, bedarf eigener Betonung, zumal die sprachlichen Verstöße der Briefschreiber nicht eigens als solche gekennzeichnet, sondern sogar noch in der Übertragung nach Möglichkeit nachgebildet wurden. Der eifrige Leser spare deshalb mit roter Tinte oder er bediene sich ihrer nach Herzenslust! Sie tut den Briefschreibern nicht mehr weh.

Die Anmerkungen beschränken sich auf die Angaben der Quellen für Text und benutzte oder vergleichbare Übertragung (= Ü), sowie auf die zum Verständnis notwendigsten Vermerke. Bei den Papyrusbriefen bedeutet: BGU = Berliner Griechische Urkunden — Fay. = Fayum — Giss. = Gießen — Oxyrh. = Oxyrhynchos — Par. = Paris — Ryl. = Sammlung Ryland — Tebt. = Tebtunis. Bei den spätrömischen Briefschreibern bedeutet: MGH = Monumenta Germaniae Historica, Auctores antiquissimi. Mit abgekürztem Titel sind angeführt:

Bardt	= *C. Bardt, Römische Charakterköpfe in Brie-fen (Leipzig u. Berlin 1925)*
Bidez-Cumont	= *J. Bidez u. F. Cumont, Juliani imperatoris epistulae leges poemata fragmenta varia (Pa-ris 1922)*
Deißmann	= *G. A. Deißmann, Licht vom Osten (Tübin-gen 1923)*
Dittenberger	= *W. Dittenberger, Sylloge inscriptionum Grae-carum (Leipzig 1914—1924)*
Erman-Krebs	= *A. Erman u. F. Krebs, Aus den Papyrus der kgl. Museen (Berlin 1899)*
Gleichen-Rußwurm	= *A. v. Gleichen-Rußwurm, Antikes Leben in Briefen*
Hercher	= *R. Hercher, Epistolographi Graeci (Paris 1873)*
Olsson	= *Bror Olsson, Papyrusbriefe aus der frühesten Römerzeit (Uppsala 1925)*
Plasberg	= *O. Plasberg, Cicero in seinen Werken und Briefen (Leipzig 1926)*
Schubart	= *W. Schubart, Ein Jahrtausend am Nil (Ber-lin 1921)*
Wilcken	= *U. Wilcken, Chrestomathie [Zweite Hälfte des 1. Bandes von L. Mitteis und U. Wilcken, Grundzüge und Chrestomathie der Papyrus-kunde (Leipzig und Berlin 1912)]*
Witkowski	= *St. Witkowski, Epistulae privatae graecae (Leipzig 1911)*

Sonstige Quellen sind mit ausführlichem Titel genannt.

Außer den genannten Werken boten wichtige Anregungen: P. Haber-mann, Lateinische Prosabriefe (Bielefeld u. Leipzig 1929) u. H. Rubenbauer = M. Bacherler, Römische Briefe (München u. Berlin 1933). Zur allgemeinen Belehrung über antikes Briefwesen mag hier nur auf die Realenzyklopädie, auf die Literaturgeschichten und für lateinisches Briefwesen auf H. Peter, Der Brief in der römischen Litteratur (Leipzig 1901) verwiesen werden.

1. *BGU II 596; Olsson S. 142 Nr. 49. — Ü: Erman-Krebs S. 217; Schubert S. 53, Nr. 44; Olsson a. a. O. — χάριταν = χάριτα = χάριν.*

2. *Oxyrh. I 110; Wilcken S. 133 Nr. 99. Vgl. Deißmann S. 264. — Ü: Schubart S. 53 Nr. 45 I. — Gegen derartige Opfermahlzeiten wettert Paulus im I. Korintherbrief Kap. 8.*

3. *Oxyrh. I 111; Wilcken S. 568 Nr. 484. — Ü: Schubart S. 54 Nr. 45 II. — Es handelt sich also um die in Ägypten häufige Geschwisterehe.*

4. *Plinius, Epist. I 15. — Ü nach Bardt S. 362 Nr. 105 u. Gleichen-Rußwurm S. 179 Nr. 2. — Caius Septicius Clarus, unter Hadrian Kommandeur der Prätorianer. Ihm ist die Briefsammlung des Plinius gewidmet (Plin. epist. I 1).*

5. *Bidez-Cumont S. 47 Nr. 41. — Ü: Gleichen-Rußwurm S. 266 Nr. XVI. — Eustochius wahrscheinlich der Jurist gleichen Namens, der im zeitgenössischen Personenkreis öfters erwähnt wird.*

6. *MGH Ruricius II 61 S. 349. — Namatius und Ceraunia sind die Schwiegereltern eines der Söhne, die Ruricius vor seiner Bischofszeit aus seiner Ehe mit Iberia, der Tochter des edlen Ommatius hatte.*

7 a u. b. *Cicero, ad fam. XV 8 u. 9. Cicero, durch Verwaltung seiner kleinasiatischen Provinz in entscheidender Zeit vom Brennpunkt des politischen Lebens ferngehalten und mit allen Mitteln dahin zurückstrebend, sucht in diesen Briefen die Familie Claudius Marcellus für seine Person einzuspannen. Vgl. Nr. 32.*

8. *Cicero, ad fam. VI 15. — Ü nach Plasberg S. 169. — Die Nachricht von Caesars Ermordung scheint Cicero „durch einen der Verschworenen, Basilus, bekommen zu haben. Erhalten ist uns sein Antwortbrief, in einer Kürze gehalten, wie sie dem überwältigenden Eindruck eines weltgeschichtlichen Ereignisses entspricht" (Plasberg S. 169).*

9. *Plinius, Epist. X 1.*

10. *Plinius, Epist. X 88; vgl. den Dankbrief des Kaisers Nr. 24.*

11. *BGU IV 1080; Wilcken S. 563 Nr. 478. — Ü nach Schubart S. 73 Nr. 61. — ‚ἐλαπίνην τεθαλυῖαν‘ = „schwellendes Festmahl", ein Homerzitat (Odyssee XI 415); scherzhaft nennt sich der gutgelaunte Vater gegenüber seinem „Herrn Sohn" in der Unterschrift*

„Spitzbart". Überhaupt ist dieser Brief „im Tone ebenso herzlich und launig, wie gebildet im Stile und fein im Ausdrucke, den die Übersetzung nicht überall erreicht" (Schubart).

12. Tebt. I 56; Witkowski S. 98 Nr. 54. — Ü: Schubart S. 13 Nr. 11. — Es ist wohl nicht an die regelmäßige Nilflut zu denken, sondern an einen Dammbruch oder eine sonstige Katastrophe, die die Ernte vernichtete. — Eine Arure = 2756 qm.

13. Plinius, Epist. X 8. — Ein klassisches Urlaubsgesuch, in der Art seiner Begründung für viele Urlaubsgesuche unserer jetzigen Zeit immer noch vorbildlich. Der Kaiser hat seine Genehmigung natürlich nicht versagt und in einem ehrenden Schreiben (Plinius, Epist. X 9) ausgesprochen, daß es der Motivierung gar nicht bedurft hätte.

14. Oxyrh. VII 1065; Wilcken S. 149 Nr. 120. — Wilcken weist auf die fetischistische Auffassung von den Göttern hin, die sich in dieser Drohung ausspricht.

15. Cicero, ad fam. XIII 35. — Das Buch XIII der Briefe Ciceros „an Bekannte" enthält 79 derartige Empfehlungsschreiben. In stets wechselnden Ausdrücken für den gleichen Gegenstand zeigt der Redner seine meisterhafte Beherrschung der Sprache und des Stils. Die Briefe verlangen, im Zusammenhang gelesen zu werden. Hier ist nur einer der bezeichnendsten ausgewählt.

16. Tebt. II 410; Olsson S. 59 Nr. 14. — Ü: Olsson a. a. O. — Tristomos, Dorf im Gau Polemon.

17. Der Paulusbrief an Philemon darf in dieser Zusammenstellung nicht fehlen, als Vergleichsstück mit anderen Briefen über das gleiche Motiv (bes. Nr. 20) und als menschliches Dokument. — Die Ü lehnt sich nur leicht an die übliche Textform von Luthers Übertragung an; wer sich damit nicht befreunden kann, mag bei Luther nachlesen.

18. Pap. Berlin 11649. Die Abschrift des Originals verdanke ich dem gütigen Entgegenkommen des H. Prof. Dr. W. Schubart (Ägypt. Abt. der Staatl. Museen, Berlin), der mich zugleich auf die erste Veröffentlichung hinwies: Amtl. Berichte aus d. Kgl. Kunstsammlungen 38 (1917) Nr. 12 (Berlin, Grote). — Ü nach „Die Papyri als Zeugen antiker Kultur" (Berlin 1925) S. 82. — Einer der selte-

neren l a t e i n i s c h e n *Papyri, da Griechisch die Amtssprache war.*

19. Oxyrh. 32; Deißmann S. 133 Nr. 12. — Ü nach Deißmann. — So gut der Brief gemeint ist, so schlecht ist sein Latein (talis homo — ad te — referre — de actibus nostris — quidquid).

20. Wilcken S. 156 Nr. 129; Deißmann S. 153 Nr. 19. — Ü nach Schubart S. 109 Nr. 93 u. Deißmann a. a. O. — Der Dorfpfarrer, wohl koptischer Muttersprache, handhabt das Griechisch wenig schriftgerecht (πεδία = παιδία — τοῦτο τὸ ἅπαξ — πρὸς σὲ — von anderen Schnitzern und dem Satzbau gar nicht zu reden). Schubart weist auf die Gleichheit des Motivs im Philemonbrief des hl. Paulus hin, aber: „in Ton und Gedankenwelt dürfte es schwerlich größere Gegensätze geben."

21. MGH. Sidonius II 5 S. 28. — Petronius war Rechtsgelehrter und Staatsmann.

22 a. Aus dem meist Demetrios von Phaleron zugeschriebenen, sicher aber einer viel späteren Zeit entstammenden Musterbuch der Brieftypen (Τύποι ἐπιστολικοί), dort Nr. 21 Dankbrief (Ἀπευχαριστικός τύπος). — Hercher S. 6.

22 b. Aus der unter dem Namen des Neuplatonikers Proklos (oder Libanios) gehenden Brieflehre ‚Περὶ ἐπιστολικοῦ χαρακτῆρος' als Nr. 6 Dankbrief (Εὐχαριστικὴ ἐπιστολή). — Hercher S. 8.

23. Plinius, Epist. X 2. — Das „ius trium liberorum" beruhte auf der bevölkerungspolitischen Gesetzgebung des Augustus (12 n. Chr.), die den Kinderreichen gewisse Vergünstigungen gewährte (u. a. dreifache Getreidespenden). Im Laufe der Zeit wurde das i. t. l. wie eine Auszeichnung auch an kinderlose, sonst verdienstvolle Persönlichkeiten verliehen.

24. Plinius, Epist. X 89. Vgl. den Glückwunsch Plinius, Epist. X 88; oben Nr. 10.

25. Dittenberger, Sylloge I 384. — Ü aus Schubart S. 37 Nr. 30.

26. Briefe des Kirchenlehrers Hieronymus I 41. — Ü: vgl. v. Gleichen-Rußwurm S. 315 Nr. 10. — Der Reiz des Briefes liegt in der frommen Schelmerei. An die gleiche Empfängerin, eine vornehme römische Dame, die nach dem frühen Tod ihres Mannes ein gottgeweihtes Leben führte, hat Hieronymus noch zahlreiche Briefe ge-

schrieben (z. B. I 43, 44, 53; II 7, 8); auch ihre Lebensbeschreibung (ad Principiam virginens de vita nobilis et sanctae viduae Marcellae; III 9) aus seiner Feder rühmt ihre Bibelfestigkeit, ihren Kampf gegen Irrgläubige und ihren persönlichen Mut in den Tagen der Eroberung Roms.

27. MGH. Ruricius II 53 S. 346. — Rusticus ist nur ein „geistlicher" Sohn des Ruricius. Visera = die heutige Vézère.

28. Cicero, ad fam. IV 5. — Ü aus Bardt S. 247 Nr. 66. — Der berühmteste Beileidsbrief der alten Welt hat den großen Juristen Servius Sulpicius Rufus zum Verfasser (und liest sich deshalb so steifleinen!).

29. Oxyrh. I 115; Wilcken S. 568 Nr. 479; Deißmann S. 118 Nr. 8. — ÜÜ: Schubart S. 63 Nr. 53; Deißmann a. a. O. Vgl. den Trostbrief aus dem Briefsteller, Nr. 30.

30. Aus dem Briefsteller des Proklos (oder Libanios) [vgl. oben Anm. zu Nr. 22 b] Nr. 21 Trostbrief (παραμυθητική). — Hercher S. 10; Deißmann S. 119 zu Nr. 8. — Ü: Deißmann a. a. O.

31. Plinius, Epist. III 21. — Ü nach Bardt S. 345 Nr. 95; die Übertragung des Martial-Zitates unverändert von dort übernommen. — Der aus Spanien gebürtige Epigrammatiker Valerius Martialis hielt sich seit 64 n. Chr. in Rom auf und reiste 98 in seine Heimat zurück, wo er 104 starb. Die von Plinius zitierten Verse sind sogenannte Hendekasyllabi („Elfsilber") und entsprechen dem Schema: ⏒ ‒ ⏑ ‒ ⏑ ⏑ ‒ ⏑ ‒ ⏑ ‒ ⏓

32. Cicero, ad I 15. — Vgl. Anm. zu Nrn. 7 a u. 7 b. — Über die Statthalterschaft Ciceros vgl. Bardt S. 96 ff.

33. Plinius, Epist. IX, 7.

34. Plinius, Epist. VI, 16. — Ü: aus Bardt S. 330 Nr. 88. — Die bekannte Schilderung ist freilich Jahrzehnte nach den Ereignissen abgefaßt und verrät über den Charakter des jüngeren Plinius beinahe mehr als über den mutigen Tod des Onkels.

35. Tebt. II 409; Olsson S. 58 Nr. 13. — Ü nach Olsson a. a. O. — In der Stadt = in Arsinoë.

36. Ryl. II 230; Olsson S. 82 Nr. 26. — Ü nach Olsson a. a. O.

37. Plinius, Epist. IX 39.

38. Tebt. II 424. — Ü aus Schubart S. 96 Nr. 82.

39. MGH. Symmachus, Epist. IX 132 S. 271. — Symmachus ließ es sich etwas kosten, die im Sommer 401 stattfindenden Spiele zum

Antritt der Prätur seines Sohnes und Herausgebers Q. F. M. Symmachus reich zu gestalten. Über die Bären vgl. ebenda IX 135, 137, 142; über Krokodile 141.

40. *Wilcken S. 149 Nr. 122. — Wilcken weist auf die Naivität hin, mit der Asklepiades den Gott zwar informieren zu müssen glaubt, daß es sich um die verwitwete Frau Horion handelt, zugleich aber eine allwissende Antwort erwartet. Heutzutage verkehrt man mit der Gottheit nicht mehr schriftlich, allenfalls noch die Kinder schreiben ihre Wunschbriefe an das Christkind.*

41. *Fay. 137; Wilcken S. 149 Nr. 121.*

42. *Oxyrh. VI 925; Wilcken S. 158 Nr. 132. — Eine hübsche Fortsetzung des Heidentums in christlicher Zeit! ϛϑ = Zahlzeichen für* $99 = 1 + 40 + 8 + 50 = \bar{a} + \bar{\mu} + \bar{\eta} + \bar{\nu} = \dot{\alpha}\mu\acute{\eta}\nu = $ *Amen.*

43. *Hercher S. 751. — Ein Beispiel für die fingierten Briefe großer Männer, wie sie in den Schulen als Stilübungen gepflegt wurden und vielfach in kritikloser Zeit unter die echten Briefe derer gerieten, unter deren Namen sie liefen.*

44 a u. b. *Thukdydides I 128, 7 ff; bzw. 129, 3 ff. — Die beiden Schreiben gelten als die ältesten griechischen im Originalwortlaut erhaltenen Briefe, — wenn sie nicht ebenso frei nachgeschaffen sind wie die Reden, die Thukydides seinen Helden in den Mund legt. — Pausanias, Regent und Feldherr der Spartaner, Sieger von Plataiai 479 v. Chr., knüpfte nach der Eroberung von Byzanz Verhandlungen mit dem persischen Erbfeinde an, um persischer Vizekönig über ganz Griechenland zu werden. Nach wechselvollen Unternehmungen als Söldnerführer in Byzanz, Emigrant in Persien, Privatmann und Aufwiegler in Sparta, suchte er dem Einschreiten der Ephoren durch Flucht in das Tempelasyl der Athena Chalkoikos zu entgehen. Die Ephoren aber ließen die Türe zumauern und überlieferten ihn so dem Hungertode (466 v. Chr.).*

45 a, b, c. *Cicero, ad Att. VIII 11 c, IX 6 a u. 16. — Ü: 45 b u. c teilweise nach Bardt S. 167 Nr. 39 u. 40. — Ein knapper Ausschnitt aus dem beginnenden Entscheidungskampf zwischen Caesar und Pompeius. Beide Parteien warben um den einflußreichen, aber unentschlossenen Redner. Die Einreihung der Briefe in den Ablauf*

138

der Dinge ist bei Plasberg S. 146 ff., besser noch bei Bardt S. 159 ff.
P. Cornelius Dolabella, damals Schwiegersohn Ciceros.

46. Cicero, ad fam. XVI 4. — Der getreue Tiro war auf der Rück-
reise von Cilicien erkrankt und mußte in Patrā zurückbleiben.

47. Giss. 17; Wilcken S. 566 Nr. 481. — Ü nach Schubart S. 60
Nr. 50. — Ob es sich um die bevorzugte, dem Hauswesen vorstehende
Sklavin und Geliebte des Strategen oder eine alte Amme oder Pflege-
rin handelt, ist nicht zu klären.

48. Wilcken, Arch. f. Papyrusforschung IV 122. — Ü aus Schubart
S. 45 Nr. 36. — Wenn sich hier auch Vorgesetzter und Untergebener
in der gleichen Person vereinigen, die Akten der Strategie und der
kgl. Schreibstube bleiben getrennt und der Amtsschimmel trabt
zwischen beiden hin und her.

49. Comparetti, Pap. Fiorentini II, 127. — Ü aus Schubart S. 88
Nr. 74. — Alypios ist der Intendant der kaiserlichen Güter und hat
seinen Sitz in der Gauhauptstadt Arsinoë; hier wendet er sich herrisch an
Heroninos, den Gutsverwalter von Theadelphia (im Westen des Fayum).

50. Bidez-Cumont S. 173 Nr. 112. — Die Übersetzung bei A. v.
Gleichen-Rußwurm (S. 229 Nr. I) schließt sich an Hercher an,
verkennt die Bemerkung über Eigenhändigkeit des Schlußteiles und
kommt deshalb streckenweise zu abweichender Sinngebung.

51. Inscr. Graec. III, App. 1897, S. II f.; Deißmann S. 103 Nr. 1.
— Ü: Deißmann a. a. O.; Schubart S. 31 Nr. 23. — Der älteste
in Urschrift erhaltene griechische Brief, ein Bleitäfelchen, gefunden
in Chaidari bei Athen, jetzt im Berliner Museum.

52 a. Cicero, ad fam. XIV 7. — Ü teilweise nach Bardt S. 200
Nr. 53. — Cicero auf der Reise zu Pompejus, für den er sich nach
langem Schwanken entschieden hat.

52 b. Cicero, ad fam. XIV 23. — Zu allen politischen Sorgen kommt
noch die Entfremdung mit seiner Gattin; der Brief klingt kühl und
konventionell.

52 c. Cicero, ad fam. XIV 20. — Inzwischen hatte Cicero bei Caesar
wieder Gnade gefunden; Cicero findet es nicht der Mühe wert, seine
Gattin davon zu unterrichten. In barschem Ton gibt er einige An-
weisungen wegen seines bevorstehenden Besuchs. Die Ehe wurde bald
darauf geschieden.

53. *Oxy. IV 744; Witkowski S. 131 Nr. 72; Lietzmann, Griech. Pap. 5; Deißmann S. 109 Nr. 4. — Ü: Schubart S. 49 Nr. 40; Deißmann a. a. O. — Hilarion, ein Lohnarbeiter z. Z. in Alexandrien, kommt nicht mit den Arbeitskameraden zurück nach Oxyrhynchos; er will erst Geld verdienen, zumal Familienzuwachs zu erwarten ist. Die Sitte, Kinder und besonders Mädchen auszusetzen, herrschte damals noch in armen Familien.*

54 a, b, c. *Plinius, Epist. VI 4 u. 7, VII 5. — Calpurnia, die dritte Gemahlin des Plinius, war bedeutend jünger als er und ihm kindlich ergeben. Es ist bezeichnend, daß Plinius sogar in Briefen an sie nicht den Ton des Herzens trifft, sondern „literarische" Briefe schreibt, glatt und letzten Endes leer, wie es seine Art ist. Ein Brief der Calpurnia wäre uns tausendmal lieber. — Sie war von schwächlicher Gesundheit, eine Schwangerschaft verlief unglücklich (Epist. VIII 10) und sie weilt lange in Campanien zur Erholung (oder — damit ihr der Gatte seine Briefkunststücke schicken konnte?).*

55. *Giss. I 19. — Ü: Schubart S. 60 Nr. 51. — Der Brief stammt aus der Zeit des großen Judenaufstandes in Ägypten, der auch die Zivilbeamten bedrohte und schließlich durch römische Truppen niedergeschlagen wurde.*

56. *Witkowski S. 109 Nr. 59; Wilcken S. 162 Nr. 136. — Ü: Schubart S. 36 Nr. 29. — Bruchstück des Briefes einer griechischen Mutter an ihren Sohn, der die demotische Schrift lernt, um in vornehmer ägyptischer Familie eine Hauslehrerstelle anzunehmen. Der Arzt wird als Spezialarzt für Klistierbehandlung bezeichnet.*

57. *Cornelius Nepos, De historicis latinis (Halm 123). — Ü: durchwegs in wörtlicher Anlehnung an Bardt S. 3. — „Ein gütiges Geschick läßt die Geschichte des lateinischen Prosabriefes mit altrömisch-herzhaften, kräftigen, von Liebe zum Vaterland erfüllten, dabei mütterlich schlichten und innigen Worten einer Frau eröffnen" (Habermann S. 3). Cornelia, die Tochter des P. Cornelius Scipio Africanus, Siegers von Zama, hatte 12 Kinder, von denen Tiberius und Gaius, „die beiden Gracchen", die bekanntesten sind. Als die revolutionäre Bodenreform des älteren Bruders bereits dessen Tod im Straßenkampf herbeigeführt hatte und der jüngere Gaius durch Bewerbung um das Volkstribunal das Erbe des Toten anzutreten im*

Begriffe war, entstanden die Briefe, aus denen uns die wohl zu Un-
recht in ihrer Echtheit angezweifelten Bruchstücke überliefert sind.
Daß die mütterliche Warnung nichts fruchtete und auch Gaius im
Bürgerkrieg fiel, sei nur angedeutet. Würdigung der Zusammenhänge
und der Briefe selbst bei Habermann S. 3 ff. und bei Bardt S. 3 ff.
58. Oxyrh. III 531; Lietzmann, Griech. Pap. 4; Wilcken S. 567
Nr. 482. — Ü nach Schubart S. 71 Nr. 60. — Der junge Hierax,
anscheinend ein Gutsbesitzerssohn, studiert in Oxyrhynchos.
59. BGU II 380. — Ü: Schubart S. 75 Nr. 63; Erman u. Krebs
S. 213; Schubart faßt die Mittelpartie anders auf; wir folgen
Erman-Krebs. — Der rührende Brief, in Sprache und Schrift bar-
barisch und ungelenk, steht auf der Rückseite einer Urkunde, da für
die arme Mutter frischer Papyrus zu teuer war.
60 a. MGH. Symmachus VII 4 S. 177. — Symmachus nahm als
Consular am Consulatsantritt Stilichos 1. Jan. 400 in Mailand teil
und schreibt von dort aus. Die steife Würde und Geziertheit, die
wohl dem Staatsfeste des sterbenden Reiches anhaftete, kann Sym-
machus auch in der Mitteilung an seinen Sohn nicht verleugnen.
60 b. MGH. Symmachus VII 2 S. 177.
60 c. MGH. Symmachus VII 9 S. 179.
61. MGH. Ruricius II 24 S. 332. — Der gestrenge und doch ver-
ständnisvolle bischöfliche Vater residiert in Gourdon, der Sohn stu-
diert in Limoges; zwischen beiden Orten liegt Briva (Brives-la-
Gaillarde), wohin Konstantius „eingeladen" wird. Ob aus ihm etwas
geworden ist, ist unklar. Die älteren Brüder Ommatius und Eparchus
brachten es weit im geistlichen Stand, Ommatius bis zur bischöf-
lichen Würde.
62. BGU III 846; Deißmann S. 128 Nr. 11. — Ü teilweise nach
Deißmann a. a. O. — Trotz des schlechten Griechisch und nur teil-
weiser Erhaltung „eines der interessantesten menschlichen Doku-
mente der Papyrusfunde" (Deißmann). Lockeres Leben und Schul-
denmachen scheinen den Sohn in die Ferne getrieben zu haben.
63. BGU II 385; Wilcken S. 133 Nr. 100. — Ü: Schubart S. 84
Nr. 71. — Serenilla ist wohl in Unfrieden aus dem Vaterhaus in die
Weltstadt abgewandert, in der sie sich nun ganz besonders verlassen
vorkommt.

64. Oxyrh. I 119; Lietzmann, Griech. Pap. 12; Deißmann S. 138 Nr. 14. — Ü: Schubart S. 78 Nr. 65; Deißmann a. a. O. — Der Lausbubenbrief mit allen Reizen des Stils und der Orthographie eines Schulknaben.

65 MGH. Symmachus I 9 S. 7.

66. Par. 47; Witkowski S. 88 Nr. 48. — Ü in Anlehnung an Schubart S. 25 Nr. 20. — Im fehlerhaftesten Griechisch schreibt hier Apollonios an seinen viel älteren Bruder („Vater") Ptolemaios, der bereits 13 Jahre als „Gottergriffener" im Heiligen Bezirk von Memphis lebte. Seine Gutmütigkeit und fromme Arglosigkeit, unterstützt durch seinen Glauben an Träume, mögen ihm manche bittere Erfahrung eingebracht haben; hier scheint die Rache des entlaufenen Sklaven Menedemos das drohende Unheil zu sein, das den Apollonios so erbittert und fast seine Treue — er lebte mit seinem väterlichen Bruder im Heiligen Bezirk und erledigte Besorgungen für ihn — ins Wanken bringt.

67. Cicero, ad fam. XVI 16. — Der Freigelassene Tiro stand bei der ganzen Familie, vor allem bei den Kindern des Hauses in höchstem Ansehen. Vgl. Nr. 46.

68. Olsson S. 210 Nr. 80. — Ü: ebda.

69. Wilcken S. 577 Nr. 499. — Ü: Schubart S. 64 Nr. 54.

70. Tebt. II 421. — Ü teilw. nach Schubart S. 93 Nr. 79.

71. MGH. Ruricius II 37 S. 339. — Parthenius war der Sohn der Tochter des Ruricius und ihres Gemahls Agricola; zusammen mit seiner Frau Papianilla hatte er eben wohl den Großvater besucht. Dessen gute Wünsche gingen allerdings nicht in Erfüllung. Die „süßesten Enkelkinder" nahmen ein schlimmes Ende: Parthenius tötet seine ungetreue Papianilla und ihren Liebhaber Ausanius und wird dann selbst erschlagen (Gregor v. Tours III 36).

72. Usener, Epicurea 176. — Ü: Schubart S. 32 Nr. 24. — Bruchstück eines Briefes, den der Philosoph an das Kind seines toten Freundes Metrodoros richtet.

73. Usener, Epicurea 138. — Ü: Schubart S. 33 Nr. 25. — „Die letzten Zeilen Epikurs, kurz und vollendet auch in der Form, gelten der Erinnerung an die Gespräche mit dem Freunde und der Sorge für die zum zweiten Male verwaisten Kinder des Metrodoros" (Schubart).

142

74. *Cicero, ad fam. VII 10. — Ü teilweise nach Plasberg S. 31. — Cicero hatte den jungen Juristen C. Trebatius Testa (bekannt aus Horaz, Satire II 1) an Caesar empfohlen, damit er durch Dienstleistung im Gallischen Kriege seine Vermögensverhältnisse zu verbessern Gelegenheit finde (Cicero, ad fam. VII 5). Offenbar spielte er aber keine sehr kriegerische Rolle. Cicero hänselt ihn sehr gönnerhaft — z. B. in der Art, wie er sich für Selbstverständlichkeiten nach Juristenart auf große Rechtsgelehrte bezieht — und schließt mit einem Zitat aus Terenz (Heautontimorumenos I 1, 34).*

75. *Cicero, ad Att. VII, 6. — Am Vorabend des Bürgerkriegs zwischen Caesar und Pompejus schwankt Cicero unschlüssig hin und her. Ein Anschluß an Caesar widerspricht seinen politischen Anschauungen, aber als Staatsmann erkennt Cicero doch die Stärke Caesars und ahnt den Ausgang des Kampfes. Vgl. Nr. 45. — Gegenüber Atticus spricht sich Cicero am rückhaltlosesten und ernsthaftesten aus.*

76. *Cicero, ad fam. IX 23. — Die Briefe Ciceros an den hochgebildeten und reichen L. Papirius Paetus zeichnen sich durch besonders ungezwungenen Plauderton aus.*

77. *MGH. Symmachus VIII 55 S. 230. — Maximilianus, Sohn des Marinianus, erhielt 396 eine Hofstelle. Der Brief ist so etwas wie ein „Postkartengruß".*

78. *MGH. Sidonius IV 19 S. 70. — Der Empfänger ist nicht weiter bekannt.*

79. *MGH. Sidonius III 4 S. 43. — Magnus Felix war ein Schulfreund des Sidonius, damals praefectus praetorii und hoher Beamter. Erschütternd berührt uns aus diesem Brief das Sterben der Antike im Gemisch der Rassen, im Wirbelsturm der Völkerwanderung, im Umbruch der Gesinnung und in der Erstarrung der Sprache, die ihr das Kleid leihen soll.*

Verzeichnis der Tusculum-Bücher

Aischylos. Die Perser. Links griechisch, rechts deutsch. Übertragung von Dr. Lange. 102 S. Kart. 2.— Leinen 3.—

Alkiphron. Hetärenbriefe. Links griechisch, rechts deutsch. Übertragung von Dr. Plankl. 75 S. Kart. 2.— Leinen 3.—

Catull. Gedichte. Links lateinisch, rechts deutsch. Nach Heyse, Amelung, Brod u. a. hrsg. von Stud.-Rat Dr. Schöne. 200 S. Kart. 3.— Leinen 4.50

Heraklit. Fragmente. Links griechisch, rechts deutsch. Übertragung von Priv.-Doz. Dr. Snell. 45 S. Kart. 1.50 Leinen 2.—

Horaz. Carmina. Oden u. Epoden. Links lateinisch, rechts deutsch. Nach Kayser u. Nordenflycht hrsg. von Prof. Dr. Burger. 296 S. Kart. 3.50 Leinen 5.—. 2. durchges. Aufl.

Horaz. Satiren u. Episteln. Links lateinisch, rechts deutsch. Von Dr. W. Schöne. Im Erscheinen. ca. 350 S. Kart. 4.50

Lukian. Tod des Peregrinus. Links griechisch, rechts deutsch. Übertragung von Ob.stud.dir. Dr. Nestle. 56 S. Kart. 1.50 Leinen 2.—

Ovid. Liebeskunst. Links lateinisch, rechts deutsch. Nach Hertzberg hrsg. von Prof. Dr. Burger. 240 S. Kart. 3.50 Leinen 5.—. 2. durchges. Aufl.

Plato, Gastmahl. Links griechisch, rechts deutsch. Übertragung von Gh.Rat Dr. Franz Boll †. 214 S. Kart. 3.— Leinen 4.50.

Plutarch. Kinderzucht. Links griechisch, rechts deutsch. Nach Seliger hrsg. von Stud.Rat Fritz Zahn. 58 S. Kart. 1.50 Leinen 2.—

Sophokles. Antigone. Links griechisch, rechts deutsch. Übertragung von Dr. Barthel. 118 S. Kart. 2.50 Leinen 3.50

Tacitus. Germania und die wichtigsten sonstigen antiken Zeugnisse über Deutschland. Links lateinisch, rechts deutsch. Übertragung von Stud.Rat Dr. Ronge. 160 S. Kart. 3.— Leinen 4.50

Tacitus. Tiberius. Buch 1—6 der Annalen. Links lateinisch, rechts deutsch. Übertragung von Univ.Prof. Dr. Maenner. 2 Bände. 506 S. Kart. 4.— Leinen 6.—. (Besonders billig, da Holzpapier.)

Walthari-Lied. Latein. (von Ekkehard) und deutsch hrsg. von Dr. Ronge. 16 Abb. 112 S. Kart. 2.50 Leinen 3.50

Weisheit, antike. für moderne Menschen. Eine Sammlung von 600 lateinischen und griechischen Sinnsprüchen. Links Urtext, rechts deutsch. Hrsg. v. Dr. Heimeran und Dr. Hofmann. 208 S. Kart. 3.— Leinen 4.—